6 bis 12 Jahre

Petra Hartmann

Aufmerksamkeit lenken & Konzentration halten

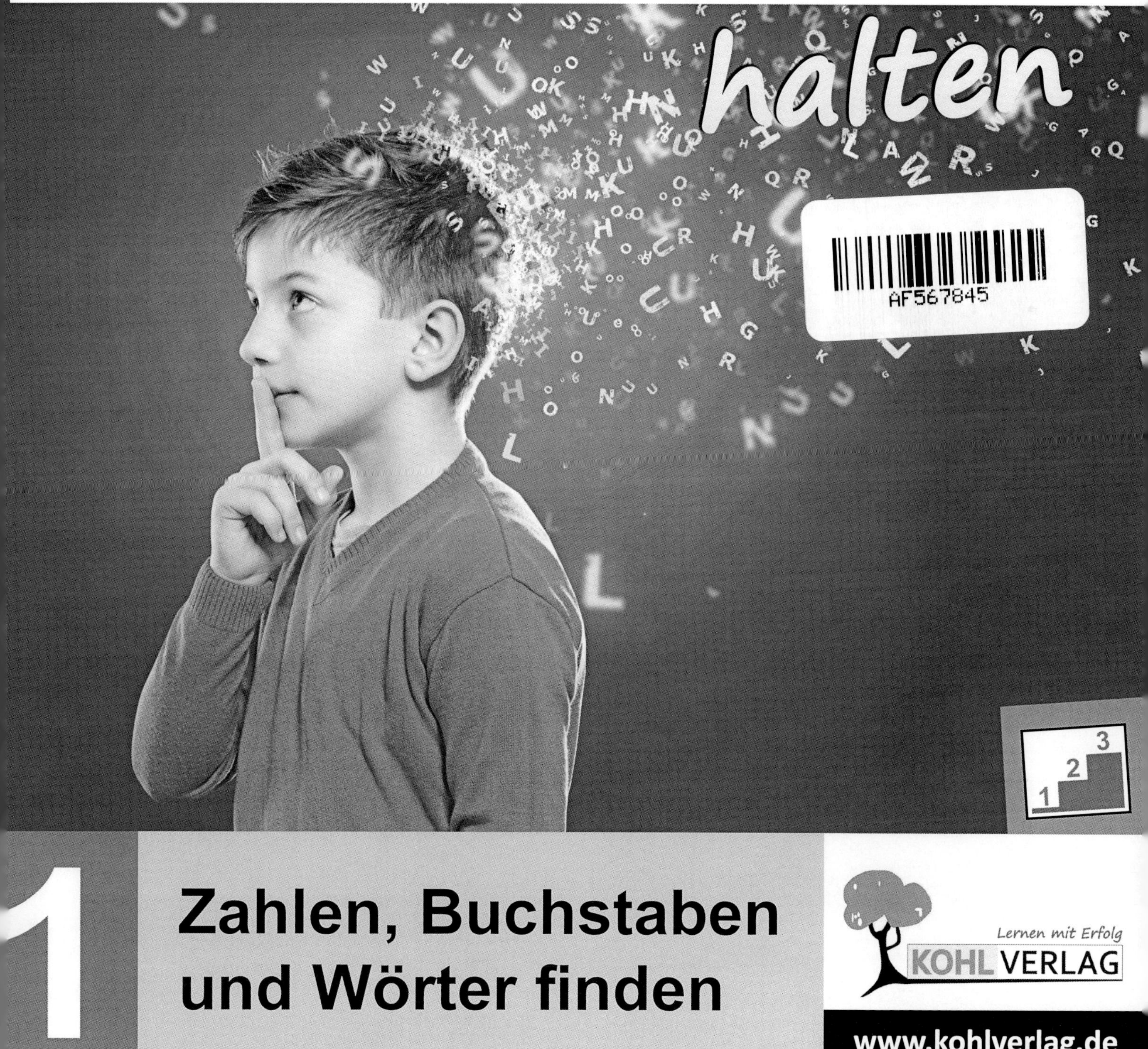

1

Zahlen, Buchstaben und Wörter finden

www.kohlverlag.de

Aufmerksamkeit lenken & Konzentration halten

Band 1: Zahlen, Buchstaben und Wörter finden

1. Auflage 2021

Inhalt & Graphiken: Petra Hartmann
Umschlagbild: © lassedesignen - AdobeStock.com
Redaktion: Kohl-Verlag
Grafik & Satz: Simone Demler & Kohl-Verlag
Druck: farbo prepress GmbH, Köln

Bestell-Nr. 12 802

ISBN: 978-3-98558-203-7

Inhaltsverzeichnis

AUFMERKSAMKEIT LENKEN & KONZENTRATON HALTEN
Band 1: Zahlen, Buchstaben & Wörter finden – Bestell-Nr. 12 802

Vorwort

Liebes Trainingskind,

mit der *Aufmerksamkeit* ist der Moment der Wahrnehmung gemeint. Du nimmst also eine Aufgabe wahr und lenkst deine ganze Aufmerksamkeit gezielt auf diese Aufgabe.

Mit der *Konzentration* ist die Fähigkeit gemeint, die Gedanken für eine längere Zeit bewusst auf eine Aufgabe zu lenken. Dies bedeutet, dass du dich möglichst so lange auf diese eine Aufgabe konzentrierst, bist du sie fertiggestellt hast. Du versuchst somit, deine Konzentration für eine längere Zeit ohne Unterbrechung zu halten.

Die Dauer (ca. 15 min. – ca. 25 min.) der Konzentration ist von Kind zu Kind unterschiedlich. Auch spielt das Alter hier eine wichtige Rolle; deshalb solltest du regelmäßig kleine Pausen machen.

In diesem Trainingsheft findest du viele Übungen in drei Schwierigkeitsstufen, um deine *Aufmerksamkeit* und *Konzentration* intensiv zu trainieren und gleichzeitig stärkst du dabei auch deine Geduld & Ausdauer!

Diese Übungen sind leicht verständlich und können selbstständig erarbeitet werden. Mit Hilfe der Lösungen im Anhang kannst du deine Ergebnisse selbst überprüfen.

Fange am besten gleich an.

Viel Spaß und Erfolg beim Lernen wünschen Ihnen der Kohl-Verlag und

Petra Hartmann

Übungen zur Aufmerksamkeit und Konzentration
(für die Klassenstufen 1 – 6)

Die Aufgaben wurden erstellt von
© 2021 Petra Hartmann

Lernberaterin / Lerncoach
Diplomierte Legasthenie- und
Dyskalkulietrainerin®

© Bildquelle: Petra Hartmann

1

1 Übung zur Aufmerksamkeit und Konzentration

Schaue dir die Zahlen genau an. Welche Zahl kommt **zweimal** *vor? Markiere diese Zahl und trage sie unten in das Kästchen ein.*

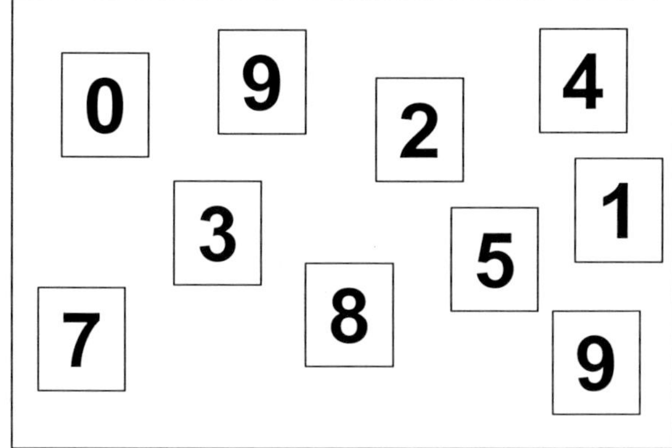

0 6 2 4
3 5 0
7 8 1

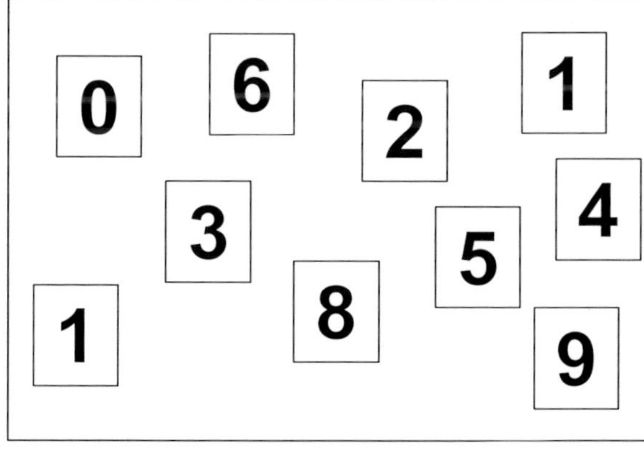

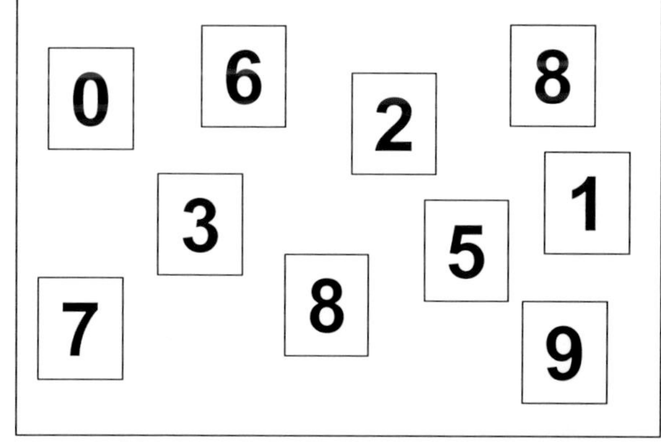

2 Übung zur Aufmerksamkeit und Konzentration

Schaue dir die Zahlen genau an. Welche Zahl kommt **zweimal** *vor? Markiere diese Zahl und trage sie unten in das Kästchen ein.*

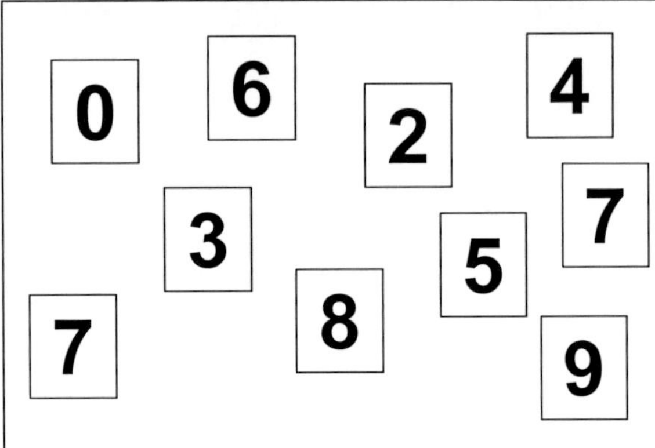

0 6 2 4
3 1
5
9 8 2

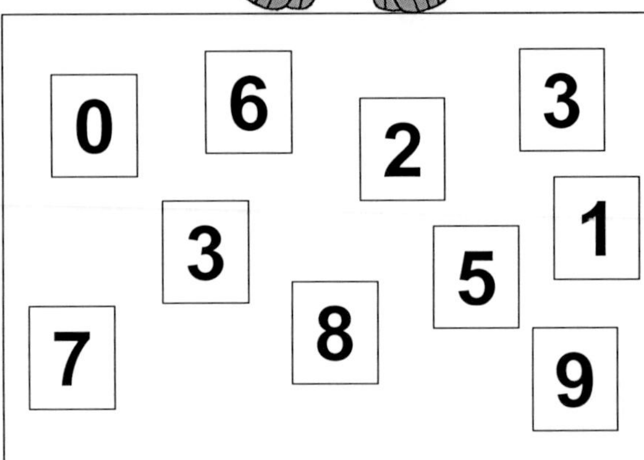

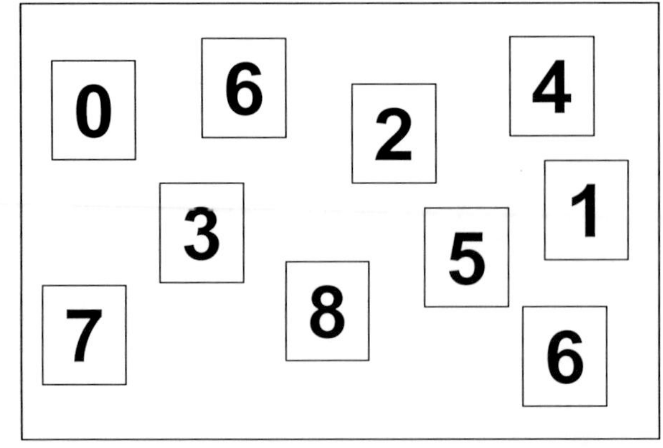

AUFMERKSAMKEIT LENKEN & KONZENTRATON HALTEN
Band 1: Zahlen, Buchstaben & Wörter finden – Bestell-Nr. 12 802
KOHL VERLAG

1

3 Übung zur Aufmerksamkeit und Konzentration

Schaue dir die Zahlen genau an. Welche Zahl kommt **zweimal** *vor? Markiere diese Zahl und trage sie unten in das Kästchen ein.*

4 9 2 4
3 5 1
0 8 6

☐

5 6 2 4
3 0 1
7 8 5

☐

Welche Zahl kommt nur **einmal** *vor? Markiere diese und trage sie unten in das Kästchen ein.*

0 8 2 9 6 1 9 3 6
1 6 8 2 7 4 5
3 0 7 0 3 1 8 2 5

☐

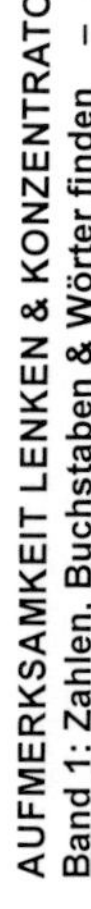
AUFMERKSAMKEIT LENKEN & KONZENTRATON HALTEN
Band 1: Zahlen, Buchstaben & Wörter finden – Bestell-Nr. 12 802
KOHL VERLAG

2

4 Übung zur Aufmerksamkeit und Konzentration

*Wie oft findest du die Zahl „**3**“? Markiere diese Zahl und trage die Anzahl unten in das Kästchen ein.*

0124567389012456789012435678901245678901245367890124563789012453678901245678901324567890124356789012456789012345678901234567890124562

 **3**

*Wie oft findest du die Zahl „**8**“? Markiere diese Zahl und trage die Anzahl unten in das Kästchen ein.*

01234567908123456790123458679012345678901234567901823456790128345690123456790123456789012345679012345678901234856798012345678012345

 **8**

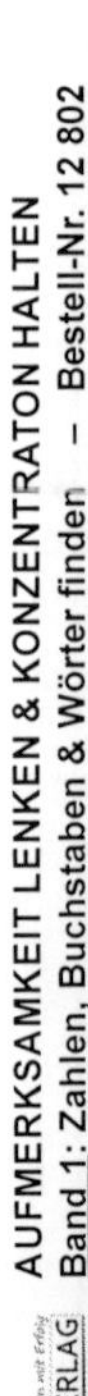

2

5 Übung zur Aufmerksamkeit und Konzentration

Wie oft findest du die Zahl „5“? Markiere diese Zahl und trage die Anzahl unten in das Kästchen ein.

012346785901234678901523467890512
346578901234567890123467890512346
890123467890123456789012346789501
234567890123456789012346785901235

Wie oft findest du die Zahl „6“? Markiere diese Zahl und trage die Anzahl unten in das Kästchen ein.

012345789012345789601234578690123
456789012345768901234578901234578
901234578901234578960123456789012
364578901234578901236457890123457

2

6 Übung zur Aufmerksamkeit und Konzentration

Wie oft findest du die Zahl „1“? Markiere diese Zahl und trage die Anzahl unten in das Kästchen ein.

0234567819023456789023456718902345
5678902314567890123456789012345618
9023145678902345678901234567890234
5678902314567819023456789012345

 1

Wie oft findest du die Zahl „7“? Markiere diese Zahl und trage die Anzahl unten in das Kästchen ein.

012345689012345689701234568790123
4568901234567890123456890123457681
9012347568901234568901234756890123
3456890127345689012345689012345688

 7

7 Übung zur Aufmerksamkeit und Konzentration

*Wie oft findest du die Zahl „***24***"? Markiere diese Zahl und trage die Anzahl unten in das Kästchen ein.*

0135678249013567890241356724890l3

5678901356789012435678901356789O1

3567248901356789013567890135246 78

9013567890135672489013567890l3524

☐ **24**

*Wie oft findest du die Zahl „***42***"? Markiere diese Zahl und trage die Anzahl unten in das Kästchen ein.*

0135678901356789014235678942013 56

7890424213567890135678901356789 42

3567890135678901356789042134256 78

9013425678901356742890135678901 35

☐ **42**

8 Übung zur Aufmerksamkeit und Konzentration

*Wie oft findest du die Zahl „***69***"? Markiere diese Zahl und trage die Anzahl unten in das Kästchen ein.*

012345780123457801234578069123457
801236945780123457801692345780123
457801234697801234578069123469578
012345780123694578012345780123457

*Wie oft findest du die Zahl „***96***"? Markiere diese Zahl und trage die Anzahl unten in das Kästchen ein.*

012396457801239645780123496578012
345780123457968012345967801234578
012396457801234578012345780196234
578096123457801239645780123457896

KOHL VERLAG
AUFMERKSAMKEIT LENKEN & KONZENTRATON HALTEN
Band 1: Zahlen, Buchstaben & Wörter finden – Bestell-Nr. 12 802

9 Übung zur Aufmerksamkeit und Konzentration

*Wie oft findest du die Zahl „**35**“? Markiere diese Zahl und trage die Anzahl unten in das Kästchen ein.*

0124678901246735890123535467890 12
4678901246735890124678901246789 01
2467890124678901246789350124678 90
1246789035124678901246789012467 89

☐ **35**

*Wie oft findest du die Zahl „**53**“? Markiere diese Zahl und trage die Anzahl unten in das Kästchen ein.*

012453678901246789012534678901246
789053124675389012453678905312467
890124536789015324678539012467890
531246789012467890125346789053124

☐ **53**

10 Übung zur Aufmerksamkeit und Konzentration

*Wie oft findest du die Zahl „***123***"? Markiere diese Zahl und trage die Anzahl unten in das Kästchen ein.*

045678904567890456789045671238904
567890456789045678123904567890456
789123045678904123567890456123789
045678904567890456789045678904567

☐ **123**

*Wie oft findest du die Zahl „***132***"? Markiere diese Zahl und trage die Anzahl unten in das Kästchen ein.*

045678904513267890456781329456 78
904132567890456713289045678904567
890456789045678904567890451326789
045678132904567890413256789045678

☐ **132**

KOHL VERLAG
AUFMERKSAMKEIT LENKEN & KONZENTRATON HALTEN
Band 1: Zahlen, Buchstaben & Wörter finden – Bestell-Nr. 12 802

11 Übung zur Aufmerksamkeit und Konzentration

*Wie oft findest du die Zahl „***405***"? Markiere diese Zahl und trage die Anzahl unten in das Kästchen ein.*

123405678912367891236789124053678
912367891236405789123678912367405
236789124053678912367894051236789
123405678912367840591236789405123

☐ **405**

*Wie oft findest du die Zahl „***450***"? Markiere diese Zahl und trage die Anzahl unten in das Kästchen ein.*

123678912367891234506789123678912
367894501245036789123678945012367
891236789123674508912367891234506
789450123678912367891234506789123

☐ **450**

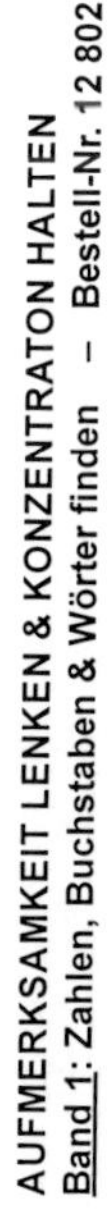

12 Übung zur Aufmerksamkeit und Konzentration

*Wie oft findest du die Zahl „***678***“? Markiere diese Zahl und trage die Anzahl unten in das Kästchen ein.*

01234590123459067812345901234590 1

23456789012345901234590123459012 3

45901234590123678459012346785901 2

34590678123459012345901234590123 4

☐ **678**

*Wie oft findest du die Zahl „***687***“? Markiere diese Zahl und trage die Anzahl unten in das Kästchen ein.*

01268734590123459012368745901234 5

90123459012345687901234590123459 0

12345906871234590123459012345901 2

34687590123459012687345901268734 5

☐ **687**

AUFMERKSAMKEIT LENKEN & KONZENTRATON HALTEN
Band 1: Zahlen, Buchstaben & Wörter finden – Bestell-Nr. 12 802
KOHL VERLAG

13 Übung zur Aufmerksamkeit und Konzentration

*Wie oft findest du den Buchstaben „**B**“? Markiere diesen Buchstaben und trage die Anzahl unten in das Kästchen ein.*

PPPPPBPPPPPPPPPPPPPPPBPPPPPP
PPPPPPPPPPBPPPPPPBPPPPPPPPPP
PPPBPPPPPPPPPPPPPPPPPPPBPPPP
PPPPPPPPPBPPPPPPPPBPPPPPPPPP

☐ **B**

*Wie oft findest du den Buchstaben „**P**“? Markiere diesen Buchstaben und trage die Anzahl unten in das Kästchen ein.*

BBBBPBBBBBPBBBBBBBPBBBBBBB
BBBBBBBPPBBBBBBPBBBBBBBBBB
BBBBBBBBBBPBBBBBBBBPBBBBBB
BBBBBBPBBBBBBBBPBBBBBBBBBB

☐ **P**

AUFMERKSAMKEIT LENKEN & KONZENTRATON HALTEN
Band 1: Zahlen, Buchstaben & Wörter finden – Bestell-Nr. 12 802
KOHL VERLAG

5

14 Übung zur Aufmerksamkeit und Konzentration

*Wie oft findest du den Buchstaben „***E***"? Markiere diesen Buchstaben und trage die Anzahl unten in das Kästchen ein.*

FFFFEFFFFFFFEFFFFFFFFFFEFFFF
FFFFFFFFFFFFEFFFFFFFFEFFFFFF
FFFFEFFFFFFFFFEEFFFFFFFFFFFF
FFEFFFFFFEFFFFFFFFFFEFFFFEFF

E

*Wie oft findest du den Buchstaben „***F***"? Markiere diesen Buchstaben und trage die Anzahl unten in das Kästchen ein.*

EEEEEEEEEEEEEEEFEEEEEEEFEEEE
EEEEEEEEEEEEEEEEEEEEEEEEEEEE
EEEEEEFEEEEEEFEEEEEEEEFEEEEE
EEFEEEEEEEEEEEEEEFEEEEEEEEFF

F

AUFMERKSAMKEIT LENKEN & KONZENTRATON HALTEN
Band 1: Zahlen, Buchstaben & Wörter finden – Bestell-Nr. 12 802
KOHL VERLAG

 15 Übung zur Aufmerksamkeit und Konzentration

*Wie oft findest du den Buchstaben „***M***"? Markiere diesen Buchstaben und trage die Anzahl unten in das Kästchen ein.*

NNNMNNNNNNNNNNNNNNNNNNNNMNN
NNNNNNNNNMNNNNNNMNNNNNNNN
NNNNNNNNNNNNNNNNNNNNNNNMN
NNNNNNNMNNNNNNNNNNMNNNNNN

 **M**

*Wie oft findest du den Buchstaben „***N***"? Markiere diesen Buchstaben und trage die Anzahl unten in das Kästchen ein.*

MMMMMMMMMMMMNMMMMMMMMM
MMMMNMMMMMNMMMMMMNMMMM
MMMMNMMMMMMMMMMMMNNMMM
MMMMMMNMNMMMMMMNMMMMMM

 **N**

AUFMERKSAMKEIT LENKEN & KONZENTRATON HALTEN
Band 1: Zahlen, Buchstaben & Wörter finden – Bestell-Nr. 12 802

5

16 Übung zur Aufmerksamkeit und Konzentration

*Wie oft findest du den Buchstaben „***P***“? Markiere diesen Buchstaben und trage die Anzahl unten in das Kästchen ein.*

RRRRRRRRRRRRRRRRRRRRPRPRR
RRRRPRRRRPRRRRRRRRRRRRRRR
RRRRRRRRRRRRRRRRPRRRRPRRR
RRRRRRPRRRRRRRPRRRRRRRRRR

*Wie oft findest du den Buchstaben „***R***“? Markiere diesen Buchstaben und trage die Anzahl unten in das Kästchen ein.*

PPPPPPRPPPPPPPPPPPPPRPPPPPPP
PPPPPPPPPPPPRPPPPPRPPPPPPPRRPP
PPPPRPPRPPPPPPPPPRPPPPPPPPPRPPPP
PPPRPPPPPPPPPPPPPRPPPPPPPPPPPPRP

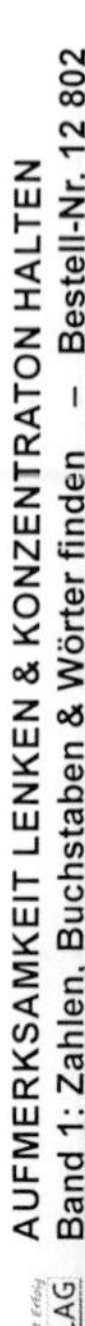

5

17 Übung zur Aufmerksamkeit und Konzentration

Wie oft findest du den Buchstaben „V“? Markiere diesen Buchstaben und trage die Anzahl unten in das Kästchen ein.

WWVWWWWWWWWWVWWWWWWWVWW
WWWWWWWWWVWWWWWWWVWWWWWW
WWWWWWWWWVWWWWWWWWWWVWWW
WWWWWWVWWWWWVWWWWWWWWVWWW

Wie oft findest du den Buchstaben „W“? Markiere diesen Buchstaben und trage die Anzahl unten in das Kästchen ein.

VVVWVVVVVVWVVVVVVVVWVVVV
VVVVVVVWVVVVVVVVVVVWWVVVVV
VVVWVVVVVVVVVWVVVVVVVVVVVW
VVVVVVVVVVVVVVVVVVVVVWWWV

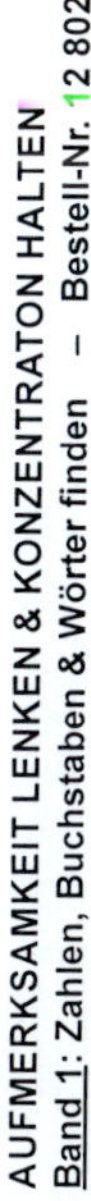

18 Übung zur Aufmerksamkeit und Konzentration

*Wie oft findest du den Buchstaben „***O***"? Markiere diesen Buchstaben und trage die Anzahl unten in das Kästchen ein.*

QQQQOQQQQQQQQQOQOQQQOQQQ
QQQQQQOQQQQQQQQQQQQOQQQQ
QQQQQQQQQQOQQQOQQQQQQQQQ
QQOQQQQQQQQQOQQQQQQQOQQQ

*Wie oft findest du den Buchstaben „***Q***"? Markiere diesen Buchstaben und trage die Anzahl unten in das Kästchen ein.*

OOOOOOOOOOOOOQOOOOOOOQOOO
OOQOOOQOOOOOOOOOOQOOOOOOQ
OOOOOOOOOOOOQOOOOOOOOOOOO
OOOQOOOOOOOOOOOOOOQOOOOOO

19 Übung zur Aufmerksamkeit und Konzentration

*Wie oft findest du den Buchstaben „**b**"? Markiere diesen Buchstaben und trage die Anzahl unten in das Kästchen ein.*

ddddddddddddddbddddddddddddddddddddddddd
ddddddbddddddddddddddddddddddddbddddddd
ddddddddddddddddbddddddddddddddddddddddd
ddddddddddddddddddddddddddddddbddddddddd
dddddddddbddddddddddddddddddbddddddddddd

*Wie oft findest du den Buchstaben „**d**"? Markiere diesen Buchstaben und trage die Anzahl unten in das Kästchen ein.*

bbbbbbdbbbbbbbbbbbbbbbbbbbbbbbbdbbbbbbbb
bbbbbbbbbbbbbdbbbbbbbbbbbbbbbbbbbbbbbbbb
bbbdbbbbbbbbbbbbbbbbbbbbbbbbbbdbbbbbbbbb
bbbdbbbbbbbbbbbbbbdbbbbbbbbbbbbbbbbbdbbb
bbbbbbbbbbbbbbbbbdbbbbbbbbbbbbbbbdbbbbbb

6

20 Übung zur Aufmerksamkeit und Konzentration

*Wie oft findest du den Buchstaben „**m**“? Markiere diesen Buchstaben und trage die Anzahl unten in das Kästchen ein.*

nnnnnnnnnnmnnnnnnnnnnnnnnnnnnnnnnnmnnnnnnn
nnnnnnnnnnnnnnnnnnnnnnmnnnnnnnnnmnnnnnnnnn
nnnnmnnnnnnnnnnnnnnnnnnnnnnnnnnnmnnnnnnnnn
nnnnnnnnmnnnnnnnnnnnnnnmnnnnnnnnnnnnnnnmnnn
nnnnnnnmnnnnnnnnnnmnnnnnnnnnnnnnnmnnnnnnnm

*Wie oft findest du den Buchstaben „**n**“? Markiere diesen Buchstaben und trage die Anzahl unten in das Kästchen ein.*

mmmmnmmmmmmmmmmmmmmmmmmmmnmmm
mmmmmmmmmmmmmnmmmmmmmmmnmmmmnmm
mmmmnmmmmmmmmmmmmmnmmmmmmmmmm
mmmmnmmmmmmnmmmmmmmmmmnmmmmmnmm
mmnmmmmmmnmnmmmmmmmmmmmnmmmnmmm

AUFMERKSAMKEIT LENKEN & KONZENTRATON HALTEN
Band 1: Zahlen, Buchstaben & Wörter finden – Bestell-Nr. 12 802

KOHL VERLAG

6

21 Übung zur Aufmerksamkeit und Konzentration

*Wie oft findest du den Buchstaben „***p***"? Markiere diesen Buchstaben und trage die Anzahl unten in das Kästchen ein.*

qqqqqqqqqpqqqqqqqqqqpqqqqqqqqqqpqqqqqqq
qqqqpqqqqqqqqqpqqqqqqqqqpqqqqqqpqqqqqqq
qqqqqpqqqqqqqqqqqqqqqqqqqqqqqqqqqpqqqqq
qqqqqqqqqqqqqqqqpqqqqqqqqqqqqqqqqqqqqqq
qqqqqqqqqqqqqqqqqqqqqqqqqpqqqqqqqqpqqqq

*Wie oft findest du den Buchstaben „***q***"? Markiere diesen Buchstaben und trage die Anzahl unten in das Kästchen ein.*

ppppppqppppppppppppppppppqppppppppppppppp
ppppppppppppppqppppppppppppppppqppppppppp
ppppppppqpppppppppppqpppppppppppqpppppppp
pppqpppppppppppppppppppppppppppppppqppppp
pppppppppppppppppqppppppppppppppppppqpppp

22 Übung zur Aufmerksamkeit und Konzentration

*Wie oft findest du den Buchstaben „**v**"? Markiere diesen Buchstaben und trage die Anzahl unten in das Kästchen ein.*

wwwvwwwwwwwwwwvwwwwwwwwvwwwwwwvwww
wwwwwvwwwwwwwwwvwwwwwwwwwwwwvwwwww
wwwvwwwwwwwvwwwwwwwwvwwwwwwwwvwwww
wwwwwwvwwwwwwwvwwwwwwwwwwwvwwwwww
wwwwwwvwwwwwwwwwwwwwwwwvwwwwwwwww

 **v**

*Wie oft findest du den Buchstaben „**w**"? Markiere diesen Buchstaben und trage die Anzahl unten in das Kästchen ein.*

vvvvvvwvvvvvvvvvvvvvvvvvwvvvvvvvvvvvvvvwvvvv
vvvvvvvvvvvvvvvwvvvvvvvvvvvvvvwvvvvvvvvvvvvv
vvvvvvvvvvvvwvvvvvvvvvvvvvvvvvvvvvwvvvvvvvvv
vvvvvvvwvvvvvvvvwvvvvvvvvvvvvvwvvvvvvvvvvvv
vvvvvvvwvvvvvvvvvvvvvvwvvvvvvvvvvwvvvvvwvvv

 **w**

6

23 Übung zur Aufmerksamkeit und Konzentration

*Wie oft findest du den Buchstaben „***m***"? Markiere diesen Buchstaben und trage die Anzahl unten in das Kästchen ein.*

wwwwwwwwmwwwwwwwwwwwwwwwmwwwwww
wwwwwwwwwwwwwwmwwwwwwwwwwwwwwww
wwwwmwwwwwwwwwwwwwwmwwwwwwwmwww
wwwwwwwwwmwwwwwwwwwwwwwmwwwwwww
wwwwwwwwwwwwwwmwwwwwwwwwwwwwwww

*Wie oft findest du den Buchstaben „***w***"? Markiere diesen Buchstaben und trage die Anzahl unten in das Kästchen ein.*

mmmmmmmwmmmmmmwmmmmmmmwmmmm
mmmmmmmmmmmmmmmmmmmwmmmmmmm
mmmwmmmmmmmmmmwmmmmmmmmmmmm
mmmmmmmmmmmmmmmmmmmwmmmmwmm
mmmmwmmmmmmmwmmmmwmmmmwmmmm

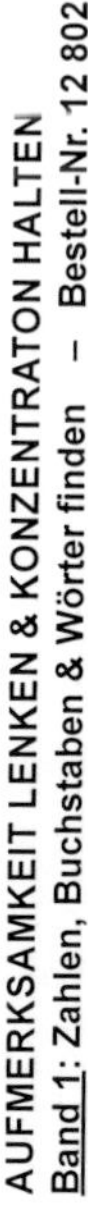

6

24 Übung zur Aufmerksamkeit und Konzentration

*Wie oft findest du den Buchstaben „***n***“? Markiere diesen Buchstaben und trage die Anzahl unten in das Kästchen ein.*

uuuuunuuuuuuuuuuuuuuuuuuuuuuunuuuuuuuuuu
uuuuuuuuuuuuuuunuuuuuuunuuuuuuuuuuuuuuuu
uuuuunuuuuuuuuuuuuunuuuuuuuuuuunuuuuuuuu
uuuuuuuuunuuuuuuuuuuuuuuuuuuuuuunuuuuuuu
unuuuuuunuuuuuuuuuuuuuunuuuuuuuuuuuunuuu

n

*Wie oft findest du den Buchstaben „***u***“? Markiere diesen Buchstaben und trage die Anzahl unten in das Kästchen ein.*

nnnnnnnnnnnnnnnnnnnunnnnnnnnnnunnnnnunnn
nnnnnnnnnnnnunnnnnnnnnnnnnunnnnnnnnnnnnn
nnnunnnnnnnnnnnnnnnnnnnnnnnnnnnnnnunnnnn
nnnnnnnnnnnnnnnnnnunnnnnnnnnnnnnnnnnnnnn
nnnnnnnnunnnnnnnnnnnnnnnnnnnnnunnnnnnnnn

u

KOHL VERLAG – AUFMERKSAMKEIT LENKEN & KONZENTRATON HALTEN – Band 1: Zahlen, Buchstaben & Wörter finden – Bestell-Nr. 12 802

25 Übung zur Aufmerksamkeit und Konzentration

*Wie oft findest du das Wort „***HEXE***“? Markiere dieses Wort und trage die Anzahl unten in das Kästchen ein.*

ABCDEFGHIJKLMNOPQRSTUVWXYZABCDEFGHEXEIJKLM
NOPQRSTUVWXYZABCDEFGHIJKLMNOPQRSTUVWXYZAB
CDEFGHIJKLMNOPHEXEQRSTUVWXYZABCDEFGHIJKLMN
OPQRSTUVWXYZABCDEFGHIJKLMNOPQRSTUVWXYZABC
DEFHEXEGHIJKLMNOPQRSTUVWXYZABCDEFGHIJKLMNO
PQRSTUVWXYZABCDEFGHIJKLMNOPQRSTUVWXYZABCD
EFGHIJKLMNOPQRSTUVWXYZABCDEFGHIJKLMNOPQRST
UVWXYZABCDEFGHIJKLMNOPQRSTUVWXYZABCDEFGHIJ
KLMNOPQRSTUVWXYZAHEXEBCDEFGHIJKLMNOPQRSTU
VWXYZABCDEFGHIJKLMNOPQRSTUVWXYZABCDEFGHIJK
LMNOPQRSTUVWXYZABCDEFGHIJKLMNOPQRSTUVWXYZ
ABCDEFGHIJKLMNOPQRSTUVWXYZABCDHEXEEFGHIJKL
MNOPQRSTUVWXYZABCDEFGHIJKLMNOPQRSTUVWXYZA
BCDEFGHIJKLMNOPQRSTUVWXYZABCDEFGHIJKLMNOPQ
RSTUVWXYZABCDEFGHIJKLMNOPQRSTUVWXYZABCDEF
GHIJKLMNHEXEOPQRSTUVWXYZABCDEFGHIJKLMNOPQR
STUVWXYZABCDEFGHIJKLMNOPQRSTUVWHEXEXYZABC
DEFGHIJKLMNOPQRSTUVWXYZABCDEFGHIJKLMNOPQRS
TUVWXYZABCDEFGHIJKLMNOPQRSTUVWXYZABCDEFGHI
JKLMNOPQRSTUVWXYZABCDEFGHIJKLMNOPQRSTUVWX
YZABCDEFGHIJKLMNOPHEXEQRSTUVWXYZABCDEFGHIJ
KLMNOPQRSTUVWXYZABCDEFGHIJKLMNOPQRSTUVWXY
ZABCDEFGHIJKLMNOPQRSTUVWXYZABCHEXEDEFGHIJK
LMNOPQRSTUVWXYZABCDEFGHIJKLMNOPQRSTUVWXYZ

☐ HEXE

26 Übung zur Aufmerksamkeit und Konzentration

*Wie oft findest du das Wort „***KLAVIER***“? Markiere dieses Wort und trage die Anzahl unten in das Kästchen ein.*

ABCDEFGHIJKLMNOPQRSTUVWXYZABCDEFGHIJKLMNOP
QRSTUVWXYZABCDEFGHIJKLMNOPQRSTUVWXYZABCDE
FGHIJKLMNOKLAVIERPQRSTUVWXYZABCDEFGHIJKLMNO
PQRSTUVWXYZABCDEFGHIJKLMNOKLAVIERPQRSTUVWX
YZABCDEFGHIJKLMNOPQRSTUVWXYZABCDEFGHIJKLMN
OPQRSTKLAVIERUVWXYZABCDEFKLAVIERGHIJKLMNOPQ
RSTUVWXYZABCDEFGHIJKLMNOPQRSTUVWXYZABCDEF
GHIJKLMNOPQRKLAVIERSTUVWXYZABCDEFGHIJKLMNOP
QRSTUVWXYZABCDEFGHIJKLMNOPQRSTUVWXYZABCDE
FGKLAVIERHIJKLMNOPQRSTUVWXYZABCDEFGHIJKLMNO
PQRSTUVWXYZABCDEFGHIJKLMNOPQRSTUVWXYZABCD
EFGHIJKLMNOPQRSTUVWXYZABCDEFGHIJKLMNOPQRST
UVWXYZABCDEFGHIJKLMNOPQRKLAVIERSTUVWXYZABC
DEFGHIJKLMKLAVIERNOPQRSTUVWXYZABCDEFGHIJKLM
NOPQRSTUVWXYZABCDEFGHIJKLMNOPQRSTUVWXYZAB
CDEFGHIJKLMNOPQRSTUVWXYZABCKLAVIERDEFGHIJKL
MNOPQRSTUVWXYZABCKLAVIERDEFGHIJKLMNOPQRSTU
VWXYZAKLAVIERBCDEFGHIJKLMNOPQRSTUVWXYZABCD
EFGHIJKLMNOPQRSTUVWXYZABCDEFGHIJKLMNOPQRST
UVWXYZABCDEFGHIJKLMNOPQRSKLAVIERTUVWXYZABC
DEFGHIJKLMNOPQRSTUKLAVIERVWXYZABCDEFGHIJKLM
NOPQRSTUVWXYZABCDEFGHIJKLMNOPQRSTUVWXYZAB
CDEFKLAVIERKLAVIERGHIJKLMNOPQRSTUVWXYZABCDE
FGHIJKLMNOPQRSTUVWXYZABCDEFKLAVIERGHIJKLMNO
PQRSTUVWXYZAKLAVIERBCDEFGHIJKLMNOPQRSTUVWX

☐ KLAVIER

KOHL VERLAG – AUFMERKSAMKEIT LENKEN & KONZENTRATON HALTEN
Band 1: Zahlen, Buchstaben & Wörter finden – Bestell-Nr. 12 802

7

27 Übung zur Aufmerksamkeit und Konzentration

*Wie oft findest du das Wort „***LEXIKON***“? Markiere dieses Wort und trage die Anzahl unten in das Kästchen ein.*

ABCDEFLEXIKONGHIJKLMNOPQRSTUVWXYZABCDEFGHI
QRSTUVWXYZABCDEFGHIJKLMNOPQRSTUVWXYZABCDE
FGHIJKLMNOLEXIKONPQRSTUVWXYZLEXIKONABCDEFG
HIJKLMNOPQRSTUVWXYZALEXIKONBCDEFGHIJKLMNOP
QRSTUVWXYZABCDEFGHIJKLMNOPQRSTUVWXYZABCDE
FGHIJKLMLEXIKONNOPQRSTUVWXYZABCDEFGHIJKLMN
OPQRSTUVWXYZABCDEFGHIJKLMNOPQRSTUVWXYZABC
DEFGHIJKLMNOPQRSTUVWXYZABCDLEXIKONEFGHIJKLM
NOPQRSTUVWXYZABCDEFGHIJKLMNOPQRSTUVWXYZAB
CDEFGHIJKLMNOPQRSLEXIKONTUVWXYZABCDEFGHIJKL
MNOPQRSTUVWXYZABCDEFGHIJKLMNLEXIKONOPQRST
UVWXYZABCDEFGHIJKLMNOPQRSTUVWXYZABCDEFGHIJ
KLMNOPQRSTUVWXYZABCLEXIKONDEFGHIJKLMNOPQRS
TUVWXYZABCDEFGHIJKLMNOPQRSTUVWXYZABCDEFGHI
JKLMNOPQLEXIKONRSTUVWXYZABCDEFGHIJKLMNOPQR
STUVWXYZABCDEFGHIJKLMNOPQRSTUVWXYZABCDEFG
HIJKLMNOPQRSTUVWXYZABCDEFLEXIKONGHIJKLMNOP
QRSTUVWXYZABCDEFGHIJKLMNOPQRSTUVWXYZABCDE
FGHIJKLMNOLEXIKONPQRSTUVWXYZABCDEFGHIJKLMN
OPQRSTUVWXYZABCDEFGHIJKLMNOPQRSTUVWXYZABC
DEFGHIJKLMNOPQRSTUVWXYZABCLEXIKONDEFGHIJKLM
NOPQRSTUVWXYZABCDEFGHIJKLMNOPQRSTUVWXYZAB
CDEFGHIJKLMLEXIKONLEXIKONOPQRSTUVWXYZABCDEF
GHIJKLMNOPQRSTUVWXYZABCDEFGHIJKLEXIKONMNOP
QRLEXIKONSTUVWXYZABLEXIKONCDEFGHIJKLMNOPQR

☐ LEXIKON

28 Übung zur Aufmerksamkeit und Konzentration

*Wie oft findest du das Wort „**KARNEVAL**“? Markiere dieses Wort und trage die Anzahl unten in das Kästchen ein.*

ABCDEFGHIJKLMNOPQRSTUVWXYZABCDEFGHIJKLMNOP
QRSTUKARNEVALVWXYZABCDEFGHIJKLMNOPQRSTUVW
XYZABCDEFGHIJKLMNOPQRSTUVKARNEVALWXYZABCDE
FGHIJKLMNOPQRSTUVWXYZABCDEFGHIJKLMNOPQRSTU
VWXYZAKARNEVALBCDEFGHIJKLMNOPQRSTUVWXYZAB
CDEFGHIJKLMNOPQRSTUVWXYZABCDEFGHIJKLMNOPQR
STUVKARNEVALWXYZABCDEFGHIJKLMNOPQRSTUVWXY
ZABCDEFGHIJKLMNOPQRSTUVKARNEVALWXYZABCDEF
GHIJKLMNOPQRSTUVWXYZABCDEFGHIJKLMNOPQRSTUV
WXYZABCDEFGHIJKLMNOPQRSTUVWXYZABCDEFGHIJKL
MNOPQRKARNEVALSTUVWXYZABCDEFGHIJKLMNOPQRS
TUVWXYZABCDEFGHIJKLMNOPQRKARNEVALSTUVWXYZ
ABCDEFGHIJKLMNOPQRSTUVWXYZABCDEFGHIJKLMNOP
QRSTUVWKARNEVALXYZABCDEFGHIJKLMNOPQRSTUVW
XYZABCDEFGHIJKLMNOPQRSTUVWXYZABCDEFGHIJKLM
NOPQRSTUVWXYZABCDEFGHIJKLMNOPQRSTUVWXYZAB
CDEFGHIJKLMNOPQRSTUVWXYKARNEVALZABCDEFGHIJ
KLMNKARNEVALOPQRSTUVWXYZABCDEFGHIJKLMNOPQ
RSTUVWXYZABCDEFGHIJKLMNOPQRSTUVWXYZABCDEF
GHIJKLMNOPQRSTUKARNEVALKARNEVALVWXYZABCDEF
GHIJKLMNOPQRSTUVWXYZABCDEFGHIJKLMNOPQRSTUV
WXYZABCDEFGHIJKLMNOPQRSTUVWXYZABCDEFGHIJKL
MNOPQRSTUVWXKARNEVALYZABCDEFGHIJKLMNOPQRS
TUVWXYZABCDEFGHIJKLMNOPQRSTUVWXYZABCDEFGHI
JKLMNOPQRKARNEVALSTUVWXYZABCDEFGHIJKLMNOP

☐ KARNEVAL

29 Übung zur Aufmerksamkeit und Konzentration

*Wie oft findest du das Wort „***WIESE***“? Markiere dieses Wort und trage die Anzahl unten in das Kästchen ein.*

ABCDEFGHIJKLWIESEMNOPQRSTUVWXYZABCDEFGHIJK

LMNOPQRSTUVWXYZABCDEFGHIJKLMNWIESEOPQRSTU

VWXYZABCDEFGHIJKLMNOPQRSTUVWXYZABCDEFGHIJK

LMNOPWIESEQRSTUVWXYZABCDEFGHIJKLMNOPQRSTU

VWXYZABCDEFGHIJKLMNOPQRSTUVWXYZAWIESEBCDE

FGHIJKLMNOPQRSTUVWXYZABCDEFGHIJKLMNOPQRSTU

VWXYZWIESEABCDEFGHIJKLMNOPQRSTUVWXYZABCDE

FGHIJKLMNOPQRSTUVWXYZABCDEFWIESEGHIJKLMNOP

QRSTWIESEUVWXYZABCDEFGHIJKLMNOPQRSTUVWXYZ

ABCDEFGHIJKLMNOPQRSTUVWXYZABCDEFGHIJKLMNOP

QRSTUVWXYZABCDEFGHIJKLMNOWIESEPQRSTUVWXYZ

ABCDEFGHIJKLMNOPQRSTUVWXYZABCDEFGHIJKLMNOP

QRWIESESTUVWXYZWIESEABCDEFGHIJWIESEKLMNOPQ

RSTUVWXYZABCDEFGHIJKLMNOPQRSTUVWXYZABCDEF

GHIJKLMNOPQRSTUVWXYZABCDEFGHIJKLMNOPQRSTUV

WXYZABCDEFGHIJKLWIESEMNOPQRSTUVWXYZABCDEF

GHIJKLMNOPQRSTUVWXYZABCDEFGHIJKLMNOPQRSTUV

WXYZABCDEFGHIJKLMNOPQRSTUVWXWIESEYZABCDEF

GHIJKLWIESEMNOPQRSTUVWXYZABCDEFGHIJKLMNOPQ

RSTUVWXYZABCDEFGHIJKLMNOPQRSWIESETUVWXYZA

BCDEFGHIJKLMNOPQRSTUVWXYZABCDEFGHIJKLMNOPQ

RSTUVWXYZABCDWIESEFGHIJKLMNOPQRSTUVWXYZAB

CDEFGHIJKLMNOPQRSTUVWXYZABCDEFGHIJKLMNOPQR

STUVWXYZABCDEFGHIJKLMNOPQRSTUVWIESEXYZABCD

EFGWIESEHIJKLMNOPQRSTWIESEUVWXYZABCDEFGHIJK

☐ WIESE

30 Übung zur Aufmerksamkeit und Konzentration

*Wie oft findest du das Wort „***KINO***"? Markiere dieses Wort und trage die Anzahl unten in das Kästchen ein.*

ABCDEFGHIJKLMNOPQRSTUVWXYZABCDEFGHIJKLMNOP
QRSTUVWXYZABCDEFGHIJKLMNOPQRSTKINOUVWXYZA
BCDEFGHIJKLMNOPQRSTUVWXYZABCDEFGHIJKLMNOPQ
RSTUVWXYZKINOABCDEFGHIJKLMNOPQRSTUVWXYZAB
CDEFGHIJKLMNOPQRSTUVWXYZABCDEFGHIJKLMNOPQR
STUVWXYZABCDEFGHIJKLMNOPQRSTUKINOVWXYZABC
DEFGHIJKLMNOPQRSTUVWXYZABCDEFGHIJKLMNOPQRS
TUVWXYZABCDEFGHIJKLMNOPQRSTUVWXYZABDEFGHI
JKLMNOPQRSTUVWXYZKINOABCDEFGHIJKLMNOPQRSTU
VWXYZABCDEFGHIJKLMNOPQRSTUVWXYZABCDEFGHIJK
LMNOPQRSTUVWXYZABCDEFGHIJKLMNOPQRSTUVWXYZ
ABKINOKINOCDEFGHIJKLMNOPQRSTUVWXYZABCDEFGHI
JKLMNOPQRSTUVWXYZABCDEFGHIJKLMNOPQRSTUVWX
YZABCDEFGHIJKLMNOPQRSTUVWKINOXYZABCDEFGHIJK
LMNOPQRSTUVWXYZABCDEFGHIJKLMNOPQRSTUVWXYZ
ABCDEFGHIJKLMNOPQRSTUVWXYZABCDEFGHIJKLMNOP
QRSTUVWXYZABCKINODEFGHIJKLMNOPQRSTUVWXYZA
BCDEFGHIJKLMNOPQRSTUVWXYZABCDEFGHIJKLMNOPQ
RSTUVWXYZABCDEFGHIJKLMNOPQRSTUVWXYZABCDEF
GHIJKLMNOPQRSTUVWXYZABCDEFGHIJKLMNOPQRSTUV
WXYKINOZABCDEFGHIJKLMNOPQRSTKINOUVWXYZABCD
EFGHIJKLMNOPQRSTUVWXYZABCDEFGHIJKLMNOPQRST
UVWXYZABCDEFGHIJKLMNOKINOPQRSTUVWXYZABCDE
FGHIJKLMNOPQRSTUVWXYZABCDEFGHIJKLKINOKINOMN

☐ KINO

AUFMERKSAMKEIT LENKEN & KONZENTRATON HALTEN
Band 1: Zahlen, Buchstaben & Wörter finden – Bestell-Nr. 12 802
KOHL VERLAG

7

31 Übung zur Aufmerksamkeit und Konzentration

*Wie oft findest du das Wort „***SPIEGEL***"? Markiere dieses Wort und trage die Anzahl unten in das Kästchen ein.*

ABCDEFGHIJKLMSPIEGELNOPQRSTUVWXYZABCDEFGHIJ
KLMNOPQRSTUVWXYZABCDEFGHIJKLMNOPQRSTUVWXY
ZABSPIEGELCDEFGHIJKLMNOPQRSTUVWXYZABCDEFGHI
JKLMNOPQRSTUVWXYZABCDEFGHIJKLMNOPQRSTUVWX
YZABCDEFGHIJKLMNOPQRSTUVWSPIEGELXYZABCDEFG
HIJKLMNOPQRSTUVWXYZABCDEFGHIJKLMNOPQRSTUV
WXYZABCDEFSPIEGELGHIJKLMNOPQRSTUVWXYZABCDE
FGHIJKLMNOPQRSTUVWXYZABCDEFGHIJKLMNOPQRSTU
VWXYZABCDEFGHIJKLMNOPQRSTUVWXYZABCDEFGHIJK
LMNOPQRSTUVWXYZABCDEFGHIJKLMNOPQRSTUVWXYZ
ABCDEFGHIJKLMNOPQRSTUVWXYZSPIEGELABCDEFGHIJ
KLMNOPQRSTUVWXYZABCDEFGHIJKLMNOPQRSTUVWXY
ZABCDEFGHIJKLMNOPQRSTUVWXYZABCDEFGHIJKLMNO
PQRSTUVSPIEGELWXYZABCDEFGSPIEGELHIJKLMNOPQR
STUVWXYZABCDEFGHIJKLMNOPQRSTUVWXYZABCDEFG
HIJKLMNOPQRSTUVWXYZABCDEFGHIJKLMNOPQRSTUV
WXYZABCDEFGHIJKLMNOPQRSTUVWXYZABCDEFGHIJKL
MNOPQRSTUVWXYZSPIEGELABCDEFGHIJKLMNOPQRST
UVWXYZABCDEFGHIJKLMNOPQRSTUVWXYZABCDEFGHIJ
KLMNOPQRSTUVWXYZABCDEFGHIJKLSPIEGELMNOPQRS
TUVWXYZABCDEFGHIJKLMNOPQRSTUVWXYZABCDEFGHI
JKLMNOPQRSTUVWSPIEGELXYZABCDEFGHIJKLMNOPQR
STUVWXYZABCDEFGHIJKLMNOPQRSTUVWXYZABCDEFG
HIJKLMNOPQRSTUVWXYZABCDEFGHIJKLMNOPQRSTUV
WXYZABCDEFGHIJKLSPIEGELMNOPSPIEGELQRSTUVWX

 SPIEGEL

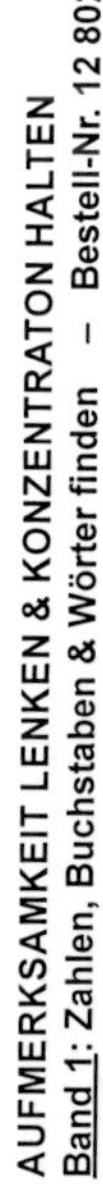

AUFMERKSAMKEIT LENKEN & KONZENTRATON HALTEN
Band 1: Zahlen, Buchstaben & Wörter finden – Bestell-Nr. 12 802

32 Übung zur Aufmerksamkeit und Konzentration

*Wie oft findest du das Wort „**TIGER**“? Markiere dieses Wort und trage die Anzahl unten in das Kästchen ein.*

ABCDEFGHIJKLMNOPQRSTUVWXYZABCDEFGHIJKLMNOP
QRSTUVWXYZABCTIGERDEFGHIJKLMNOPQRSTUVWXYZ
ABCDEFGHIJKLMNOPQRSTUVWXYZABCDEFGHIJKLMNOP
QRSTUVWXYZABCDEFGHIJKLMNOTIGERPQRSTUVWXYZ
ABCDEFGHIJKLMNOPQRSTUVWXYZABCDEFGHIJKLMNOP
QRSTUVWXTIGERYZABCDEFGHIJKLMNOPQRSTUVWXYZ
ABCDEFGHIJKLMNOPQRSTUVWXYZABCDEFGHIJKLMNOP
QRSTUVWXYZABCDEFGHITIGERJKLMNOPQRSTUVWXYZ
ABCDEFGHIJKLMNOPQRSTUVWXYZABCDEFGHIJKLMNOP
QRSTUVWTIGERXYZABCDEFGHIJKLMNOPQRSTUVWXYZ
ABCDEFGHIJKLMNOPQRSTUVWXYZABCDEFGHIJKLMNOP
QRSTUVWXYZABCDEFGHIJKLMNOTIGERPQRSTUVWXYZ
ABCDEFTIGERGHIJKLMNOPQRSTUVWXYZABCDEFGHIJKL
MNOPQRSTUVWXYZABCDEFGHIJKLMNOPQRSTUVWXYZA
BCDEFGHIJKLMNOPQRSTUVWXYZABCDTIGEREFGHIJKL
MNOPQRSTUVWXYZABCDEFGHIJKLMNOPQRSTUVWXYZA
BCDEFGHIJKLMTIGERNOPQRSTUVWXYZABCDEFGHIJKL
MNOPQRSTUVWXYZABCDEFGHIJKLMTIGERNOPQRSTUV
WXYZABCDEFGHIJKLMNOPQRSTUVWXYZABCDEFGHIJKL
MNOPQRSTUVWXTIGERYZABCDEFGHIJKLMNOPQRSTUV
WXYZABCDEFGHIJKLMNOPQRSTUVWXYZABCDEFGHIJKL
MNOTIGERPQRSTUVWXYZABCDEFGHIJTIGERKLMNOPQR
STUVWXYZABCDEFGHIJKLMNOPQRSTUVWXYZABCDEFG
HIJKLMNOPQRSTUVWXYZTIGERABCDEFGHIJKLMNOPQR
STUVWTIGERXYZABCDEFGHIJKLMNOPQRSTUVWXYZABC

☐ TIGER

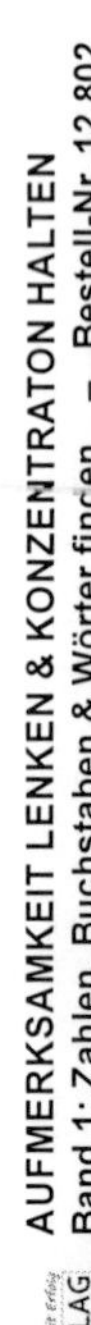
AUFMERKSAMKEIT LENKEN & KONZENTRATON HALTEN
Band 1: Zahlen, Buchstaben & Wörter finden – Bestell-Nr. 12 802
KOHL VERLAG

33 Übung zur Aufmerksamkeit und Konzentration

*Wie oft findest du das Wort „***DACHS***“? Markiere dieses Wort und trage die Anzahl unten in das Kästchen ein.*

ADACHSBCDEFGHIJKLMNOPQRSTUVWXYZABCDEDACHS
GHIJKLMNOPQRSTUVWXYZABCDEFGHIJKLMNOPQRSTUV
WXYZABCDEFGHIJKLMNOPDACHSQRSTUVWXYZABCDEF
GHIJKLMNOPQRSTUVWXYZABCDEFGHIJKLMNOPQRSTUV
WXYZABCDEFGHIJKLMNOPQRSTUVWXYZABCDEFGHIJKL
MNOPQRSTUVWXYZABCDEFGHIJKLMNOPQRSTUVWXYZA
BCDEFGHIJKLMNOPQRSTUVWXYZABCDEFGHIJKLDACHS
MNOPQRSTUVWXYZABCDEFGHIJKLMNOPQRSTUVWXYZA
BCDACHSEFGHIJKLMNOPQDACHSRSTUVWXYZABCDEFG
HIJKLMNOPQRSTUVWXYZABCDEFGHIJKLMNOPQRSTUV
WXYZDACHSABCDEFGHIJKLMNOPQRSTUVWXYZABCDEF
GHIJKLMNOPQRSTUVWXYZABCDEFGHIJKLMNOPQRSTUV
WXYZDACHSABCDEFGHIJKLMNOPQRSTUVWXYZABCDEF
GHIJKLMNOPQRSTUVWXYZABCDEFGHIJKLMNOPQRSTUV
WXYZABCDEFGHIJKLMNOPQRSTUVWXYZABCDEFGHIJKL
MNOPQRSTUVWXYZABCDEFGHIJKLDACHSMNOPQRSTUV
WXYZABCDEFGDACHSHIJKLMNOPQRSTUVWXYZABCDEF
GHIJKLMNOPQRSTUVWXYZABCDEFGHIJKLMNOPQRSTUV
WXYZABCDEFGHIJKLMNOPQRSTUVWXYZABCDEFGHIJKL
MNOPQRSTUVWXYZABCDEFGHIJDACHSKLMNOPQRSTUV
WXYZABCDEFGHIJKLMNOPQRSTUVWXYZABCDEFGHIJKL
MNOPQRSTUVWXYZABCDEFGHIJKLMNOPQRSTUVWXYZA
BCDEFGHIJKLMDACHSNOPQRSTUVWXYZABCDEFGHIJKL
MNOPQRSTUVWXYZABCDEFGHIJKLMNOPDACHSQRSTUV
WXYZABCDEFGHIJKDACHSLMNOPQRSTUVWXYZABCDEF
GHIJKLMNOPQRSTUVWXWXYZDACHSABCDEDACHSFGHI

☐ DACHS

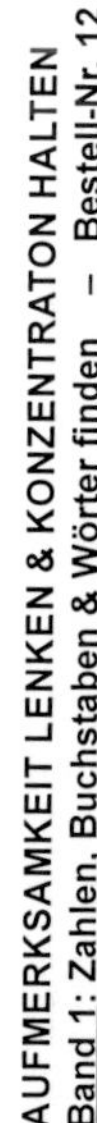
AUFMERKSAMKEIT LENKEN & KONZENTRATON HALTEN
Band 1: Zahlen, Buchstaben & Wörter finden – Bestell-Nr. 12 802
KOHL VERLAG

7

34 Übung zur Aufmerksamkeit und Konzentration

*Wie oft findest du das Wort „***LÖWE***"? Markiere dieses Wort und trage die Anzahl unten in das Kästchen ein.*

ABCDLÖWEEFGHIJKLMNOPQRSTUVWXYZABCDEFGHIJKL
MNOPQRSTUVWXYZABCDEFLÖWEGHIJKLMNOPQRSTUV
WXYZABCDEFGHIJKLMNOPQRSTUVWXYZABCDEFGHIJKL
MNOLÖWEPQRSTUVWXYZABCDEFGHIJKLMNOPQRSTUV
WXYZABCDEFGHIJKLMNOPQRSTULÖWEVWXYZABCDEFG
HIJKLMNOPQLÖWERSTUVWXYZABCDEFGHIJKLMNOPQR
STUVWXYZABCDEFGHIJKLMNOPQRSTUVWXYZABCDEFG
HIJKLMNOPQRSTUVWXYZABCDEFLÖWEGHIJKLMNOPQR
STUVWXYZABCDEFGHIJKLMNOPQRSTUVWXYZABCDEFG
HIJKLMNOPQRSLÖWETUVWXYZABCDEFGHIJKLMNOPQR
STUVWXYZABCDEFGHIJKLMNOPQRSTUVLÖWEWXYZABC
DEFGHIJKLMNOPQRSTUVWXYZABCDEFGHIJKLMNOPQRS
TUVWXYLÖWEZABCDEFGHIJKLMNOPQRSTUVWXYZABCD
EFGHIJKLMNOPQRSTUVWXYZABCDEFGHILÖWEJKLMNOP
QRSTUVWXYZABCDEFGHIJKLMNOPQRSTUVWXYZABCDE
FGHIJKLMNOPQRSTUVWXYZABCDEFGHIJKLMNOPQRSTU
VWXYZABCLÖWEDEFGHIJKLMNOPQRSLÖWETUVWXYZA
BCDEFGHIJKLMNOPQRSTLÖWEUVWXYZABCDEFGHIJKLM
NOPQRSTUVWXYZABCDEFGHIJKLMNOPQRSTUVWXYZAB
CDEFGLÖWEHIJKLMNOPQRSTUVWXYZABCDEFGHIJKLMN
OPQRSTUVWXYZABCDEFGHIJKLMNOPQRSTUVWXYZABC
DEFGHIJKLMNOPQRSTUVWXYZALÖWEBCDEFGHIJKLMN
OPQRSTUVWXYZABCDEFGHIJKLMNOPQRSTUVWXYZABC
DEFGHIJKLMNOPQLÖWERSTUVWXYZABCDEFGHIJKLMN
OPQRSTUVWXYZABCDEFGHIJKLMNOPQLÖWERSTUVWX
YZABCDEFLÖWEGHIJKLMLÖWEOPQRSTUVWXYZALÖWE

☐ LÖWE

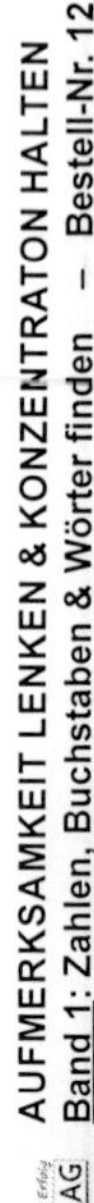

35 Übung zur Aufmerksamkeit und Konzentration

*Wie oft findest du die Wörter „***HAND** *und* **HÄNDE***“? Markiere diese Wörter und trage die Anzahlen unten in die Kästchen ein.*

ABCDEFGHIJKLMNOPQRSTUVWXYZABCDEFGHIJKLMNOPQRSTUV
WXYZABCDEFGHIJKLMNOPQRSTUVWXYZHANDABCDEFGHIJKLM
NOPQHÄNDERSTUVWXYZABCDEFGHIJKLMNOPQRSTUVWXYZABC
DEFGHIJKLMNOPQRSTUVWXYZHÄNDEABCDEFGHIJKLMNOPQRST
UVWHANDXYZABCDEFGHIJKLMNOPQRSTUVWXYZHANDABCDEFG
HIJKLMNOPQRSTUVWXYZABCDEFGHIJKLMNOPQRSTUVWXYZAB
CDEFGHIJKLMNOPQRSTUVWXYZABCDEFGHIJKLMNOPQRSTUVW
XYZHÄNDEABCDEFGHIJKLMNOPQRSTUVWXYZABCDEFGHIJKLMN
OPQRSTUVWXYZABCDEFGHIJKLMNOPQRSTUVWXYZHÄNDEABCD
EFGHIJKLHANDMNOPQRSTUVWXYZABCDEFGHIJKLMNOPQRSTUV
WXYZABCDEFGHIJKLMNOPQRSTUVWXYZHÄNDEABCDEFGHIJKLM
NOPQRSTUVWXYZABCDEFGHIJKLMNOPQRSTUVWXYZABCDEFGH
IJKLMNOPQRSTUVWXYZABCDEFGHIJKLMNOPQRSTUVWXYZABC
DEFGHIJKLMNOHÄNDEPQRSTUVWXYZABCDEFGHIJKLMNOPQRST
UVWXYZHANDABCDEFGHIJKLMNOPQRSTUVWXYHÄNDEZABCDEF
GHIJKLMNOPQRSTUVWXYZABCDEFGHIJKLMNOPQRSTUVWXYZA
BCDEFGHIJKLMNOPHANDQRSTUVWXYZABCDEFGHIJKLMNOPQR
STUVWXYZABCDEFGHIJKLMNOPQRSTUVWXYZABCDEFGHIJKLMN
OPQRSTUVWXYZABCDEFGHIJKLMNOPQRSTUVWXHANDYZABCDE
FGHIJKLMNOPQRSTUVWXYZABCDEFGHIJKLMNOPQRSTUVWXYZ
ABCDEFHÄNDEGHIJKLMNOPQRSTUVWXYZABCDEFGHIJKLMNOP
QRSTUVWXYZABCDEFGHIJKLMNOPQRSTUVWXYZHANDABCDEFG
HIJKLMNOPQRSTUVWXYZABCDEFGHIJKLMNOPQRSTUVWXYZAB
CDEFGHIJKLMNOPQRSHANDTUVWXYZABCDEFGHIJKLMNOPQRS
TUVWXYZABCDEFGHIJKLMNOPQRSTUVWXYZABHANDCDEFGHIJK
LMNOPHÄNDEQRSTUVWXYZABCDEFGHIJKLMNOPQRSTUVWXYZA
BCDEFGHIJKLMNOPQRSTUVWXYZABCHANDDEFGHIJKLMNOPQR

☐ HAND

36 Übung zur Aufmerksamkeit und Konzentration

*Wie oft findest du die Wörter „***FUß** *und* **FÜßE***"? Markiere diese Wörter und trage die Anzahlen unten in die Kästchen ein.*

ABCDEFGHIJKLMFUßNOPQRSTUVWXYZABCDEFGHIJKLMNOPQRS
TUVWXYZABCDEFGHIJKLMNOPQRSTUVWXYZAFÜßEBCDEFGHIJK
LMNOPQRSTUVWXYZABCDEFGHIJKLMNOPQRSTUVWXYZABCDEF
GHIJKLFUßMNOPQRSTUVWXYZABCDEFGHIJKLMNOPQRSTUVWX
YZABCDEFGHIJKLMNOPQRSTUVWXYFÜßEZABCDEFGHIJKLMNOP
QRSTUVWXYZABCDEFGHIJKLMNOPQRSTUVWXYZABCDEFGHIJKL
MNOPQRSTUVWXYFUßZABCDEFGHIJKLMNOPQRSTUVWXYZABC
GHIJKLMNOPQRSTUVWXYZABCDEFGHIJKLMNOPQFÜßERSTUVW
XYZAFÜßEBCDEFGHIJKLMNOPQRSTUVWXYZABCDEFGHIJKLMNO
PQRSTUVWXYZABCDEFGHIJKLMNOPQRSFUßTUVWXYZABCDEFG
HIJKLMNOPQRSTUVWXYZABCDEFGHIJKLMNOPQRSTUVWXYZAB
CDEFGHIJKLFUßMNOPQRSTUVWXYZABCDEFGHIJKLMNOPQRSTU
VWXYZABCDEFGHIJKLMNOFÜßEPQRSTUVWXYZABCDEFGHIJKLQ
RSTUVWXYZABCDEFGHIJKLMNOPQRSTUVWXYFUßZABCDEFGHIJ
KLMNOFUßPQRSTUVWXYZABCDEFGHIJKLMNOPQRSTUVWXYZAB
CDEFGHIJKLMNOPQRSTUVWXYZABCDFÜßEEFGHIJKLMNOPQRST
UVWXYZABCDEFGHIJKLMNOPQRSTUVWXYZABCDEFGHIJKLMNO
PQRSTUVWXYZABCFUßDEFGHIJKLMNOPQRSTUVWXYZABCDEFG
HIJKLMNOPQRSTUVWXYZABCDEFGHIJKLMNOPQFÜßERSTUVWXY
ZABCDEFGHIJKLMNOPQRSTUVWXYZAFUßBCDEFGHIJKLMNOPQR
VWXYZABCDEFGHIJKLMNOPQRSTUVWXYZABCDEFGHIJKLMNOP
QRSTUVFUßWXYZABCDEFGHIJKLMNOPQRSTUVWXYZABCDEFGH
IJKLNOQRSTUVWXYZABCDEFFÜßEGHIJKLMNOPQRSTUVWXYZ
ABCDEFGHIJKLMNOPQRSTUVWXYZABCDEFGHIJKLMNOFÜßEPQR
STUVWXYZABCDEFGHIJKLFUßMNOPQRSTUVWXYZABCDEFGHIJK
LMNOFÜßEPQRSTUVWXYZABCDEFGHIJKLFUßMNOPQRSTUVWXY

☐ FUß

☐ FÜßE

KOHL VERLAG
AUFMERKSAMKEIT LENKEN & KONZENTRATON HALTEN
Band 1: Zahlen, Buchstaben & Wörter finden – Bestell-Nr. 12 802

8

37 Übung zur Aufmerksamkeit und Konzentration

*Wie oft findest du die Wörter „***BAUM** *und* **BÄUME***“? Markiere diese Wörter und trage die Anzahlen unten in die Kästchen ein.*

ABCDEFGBAUMHIJKLMNOPQRSTUVWXYZABCDEFGHIJKLMNOPQ
RSTUVWXYZABCDEFGHIJKLMNBAUMOPQRSTUVWXYZABCDEFGH
IJKLMNOPQRSTUVWXYZABCDEFGHIJKLMNOPQRSTUVBÄUMEWX
YZABCDEFGHIJKLMNOPQRSTUVWXYZABCDEFGHIJKLMNOPQRST
UBAUMVWXYZABCDEFGHIJKLBÄUMEMNOPQRSTUVWXYZABCDEF
GHIJKLMNOPQRSTUVWXYZABCDEFGHIJKLMNOPQRSTBÄUMEUV
WXYZABCDEFGHIJKLMNOPQRSTUVBAUMABCDEFGHIJKLMNOPQ
RSTUVWXBAUMYZABCDEFGHIJKLMNOPQRSTUVWXYZABCDEFGH
IJKLMNOPQRSTUVWXYZABCDEFGHIJKLMNOPQRSTUVWXYZABC
DEFGHIJKLMNOPQRSTUVWXYZBAUMABCDEFGHIJKLMNOPQRST
UVWXYZABCDEFGBÄUMEHIJKLMNOPQRSTUVWXYZABCDEFGHIJ
KLMNOPQRSTUVWXYZABCDEFGHIJKLMNOPQRSTUVWXYZABCDE
FGHIJKLMNOPQRSTUVWXYZABCDEFGHIJKLBAUMQRSTUVWXYZA
BCDEFGHIJKLMNOPQRBAUMSTUVWXYZABCDEFGHIJKLMNOPQR
STUVWXYZABCDEFGHIJKLMNOPQRSTUVWXYZABCDEFGHIJKLMN
OPQRSTUVWXYZABCDEFGHIJKLBÄUMEMNOPQRSTUVWXYZABC
DEFGHIJKLMNOPQRSTUVWXYZABCDEFGHIJKLMNOPQRBÄUMEU
VWXYZABCDEFGHIJKBAUMPQRSTUVWXYZABCDEFGHIJKLMNOP
QRSTUVBÄUMEWXYZABCDEFGHIJKLMNOPQRSTUVWXYZABCDEF
GHIJKLMNOPQRSTUVWXYZABCDEFBAUMGHIJKLMNOPQRSTUVW
XYZABCDEFGHIJKLMNOPQRSTUVWXYZABCDEFGHIJKLMNOPQRS
TUVWXYZABCDEFGHIJKLMNOPQRSTUVWXBÄUMEYZABCDEFGHIJ
KLMNOPBAUMQRSTUVWXYZABCDEFGHIJKLMNOPABCDEFGHIJKL
MNOPQRSTUVWXYZABCDEFGHIJKLMNOPQRSTUVWXYZABCDEF
GHIJKBAUMLMNOPQRSTUVWXYZABCDEFGHIJKLMNOPQRSTUVW
XYZABCDEFGHIJKLMNOBAUMPQRSTUVWXYZBAUMABCDEFGHIJK

☐ BAUM

☐ BÄUME

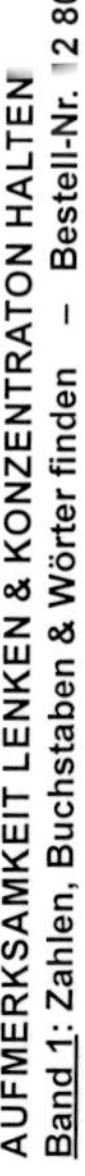

38 Übung zur Aufmerksamkeit und Konzentration

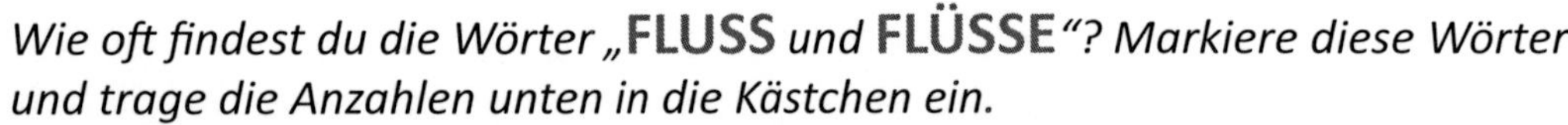

*Wie oft findest du die Wörter „***FLUSS** *und* **FLÜSSE***“? Markiere diese Wörter und trage die Anzahlen unten in die Kästchen ein.*

ABCDEFGHIJKLMNOPQRSTUVWXYZABCFLUSSDEFGHIJKLMNOPQ
RSTUFLÜSSEVWXYZABCDEFGHIJKLMNOPQRSTUVWXYZABCDEF
GHIJKLMNOPQRSTUVWXYZABCDEFGHIJKLMNOPQRSTUVWXYZA
BCDEFGHIJKLMNOPQRSTUVWXYZABCDEFGHIJKFLUSSLMNOPQR
STUVWFLÜSSEXYZABCDEFGHIJKLMNOPQRSTUVWXYZABCDEFG
HIJKLMNOPQRSTUVWXYZFLUSSEFGHIJKLMNOPQRSTUVWXYZAB
CDEFGHIJKLMNOPQRSTUVWXYZABCDEFLUSSGHIJKLMNOPQRST
UVWXYZABCDEFGHIJKLMNOPQRSTUVWXYZABCDEFGHIJKLMNO
PQRSTUFLUSSVWXYZABCDEFGHIJKLMNOPQRSTUVWXYZABCDE
FGHIJKLMNOPQRSTUVWXYZABCDEFGHIJKLMNOPQRSTUVWXYZ
ABCDEFGHIJKLMNOPQRSTUVWXYZABCDEFGHIJKLMNOPQRSTUV
WXYFLUSSABCDEFGHIJKLMNOPQRSTUVWXYFLUSSZABCDEFGHI
MNOPQRSTUVWXYZABCDEFGHIJKLMNOPQRSTUVWXYZABCDEF
GHIJKFLUSSLMNOPQRSTUVWXYZABCDEFGHIJKLMNOPQRSTUV
WXYZABCDEFGHIJKLMNOPQRSTUVWXYZFLÜSSEABCDEFGHIJKL
MNOPQRSTUVWXYZABCDEFGHIJKLMNOPQRSTUVWXYZABCDEF
GHIJKLMNOFLÜSSEPQRSTUVWXYZABCDEFGHIJKLMNOPQRSTUV
WXYZABCDEFGHIJKLMNOPQRSTUVWXYZABCDEFGHIJKLMNOPQ
RSTUVWXYZABCDEFGHIJKLMNOPQRSTUVFLUSSWXYZABCDEFG
HIJKLMNOPQRSTUVWXYZABCDEFGHIJKLMNOPQRSTUVWXYZAB
CDEFGHIJKLFLUSSQRSTUVWXYZABCDEFGHIJKLMNOPQRSTUVW
XYZABCFLÜSSEDEFGHIJKLMNOPQRSTUVWXYZABCDEFGHIJKLM
NOPQRSTUVWXYZABCDEFGHIJKLMNOFLÜSSEPQRSTUVWXYZAB
CDEFGHIJKLMNOPQRSTUVWXYZABCDEFGHIJKLMNOPQRSTUVW
XYZABCDEFFLUSSGHIJKLMNOPQRSTUVWXYZABCDEFGHIJKLMN
OPQRSTUVWXYZABCDEFGHIJKLMNOPQRSTUFLUSSVWXYZABCD
EFGHIJKLMNOPQRSTUVWXYZABCDEFGHIJKLMNOPQRSTUVWXY
ZABCDEFGHIJKLMNOPQRSTUVWXYZAFLÜSSEBCDEFGHIJKLMNO
PQRSTFLUSSUVWXYZABCDEFGHIJKLMNOPQRSTUVWXYZABCDE

☐ FLUSS

☐ FLÜSSE

39 Übung zur Aufmerksamkeit und Konzentration

*Wie oft findest du die Wörter „***BUS** *und* **BUSSE***“? Markiere diese Wörter und trage die Anzahlen unten in die Kästchen ein.*

ABCDEFGHIJKLMNOPQRSTBUSUVWXYZABCDEFGHIJKLMNOPQRS
TUVWXYZABCDEFGHIJKLMNOPQRSTUVWXYZABCDEFGHIJKLMNO
PQRSTUVWXYZABCDEFGHIJKLMNOPQRSTUVWXYZABCDEFGHIJK
LBUSSEMNOPQRSTUVWXYZABCDEFGHIJKLMNOPQRSTUVWXYZA
BCDEFGHIJKLMNOPQRSTUVWXYZABCDBUSEFGHIJKLMNOPQRST
UVWXYZABCDEFGHIJKLMNOPQRSTUVWXYZABCDEFGHIJKLMNO
PQBUSSERSTUVWXYZABCDEFGHIJKLMNOPQRSTUVWXYZABCDE
FGHIJKLMNOPQRSTUVWXYZABCDEFBUSSEGHIJKLMNOPQRSTUV
WXYZABCDEFGHIJKLMNOPQRSTUVWXYZABCDEFGHIJKLMNOPQ
RSTUBUSVWXYZABCDEFGHIJKLMNOPQRSTUVWXYZABCDEFGHIJ
KLMNOPQRSTUVWXYZABCDEFGHIJKLMNOPQRSTUVWXYZABCDE
FGHIJKLMNOPQRSTUVBUSWXYZABCDEFGHIJKLMNOPQRSTUVW
XYZABCDEFGHIJKLMNOPQRSTUVWXYZABCDEFGHIJKLMNOPQRS
TUVBUSSEWXYZABCDEFGHIJKLMNOPQRSTUVWXYZABCDEFGHIJ
KLMNOPQRSTUVWXYZABCDEFGHIBUSSEJKLMNOPQRSTUVWXYZ
ABCDEFGHIJKLMNOPQRSTUVWXYZABCDEFGHIJKLMNOPQRSTUV
WXYZABCDEFGHIJKLMNOPQRSTUVWXYZABCDEFGHIJKLMNOPQ
RSTUVWXYZABCDEFGHIJKLMNOPQRSTUVWXYZABCDEFGHIJKLM
NOPQRSTUVWXYZABCDEFGBUSSEHIJKLMNOPQRSTUVWXYZBUS
ABCDEFGHIJKLMNOPQRSTUVWXYZABCDEFGHIJKLMNOPQRSTUV
WXYZABCDEFGHIJKLMNOBUSPQRSTUVWXYZABCDEFGHIJKLMN
OPQRSTUVWXYZABCDEFGHIJKLMNOPQRSTUVWXYZABCDEFGHI
JKBUSSELMNOPQRSTUVWXYZABCDEFGHIJKLMNOPQRSTUVWXY
ZABCDEFGHIJKLMNOPQRSTUVWXYZABCDEFGHIJKLMNOPQRSTU
VWXYZABCDEFGHIJKLMNBUSSEOPQRSTUVWXYZABCDEFGHIJKL
MNOPQRSTUVWXYZABCDEFGHIJKLMNOPQRSTUVWXYZABCDEF
GHIJKLMNOPQRSTUVWXYZABCDEFGHIJKLMNOPQRSTUVWXYZA
sBCDEFGHIJKLMNOPQRSTUVWXYZBUSSEABCDEFGHIJKLMNOPQR

☐ BUS

☐ BUSSE

8

40 Übung zur Aufmerksamkeit und Konzentration

*Wie oft findest du die Wörter „***STRAUß** *und* **STRÄUßE***“? Markiere diese Wörter und trage die Anzahlen unten in die Kästchen ein.*

ABCDEFGHIJKLMNOPQRSTUVWXYZABCDEFGHIJKLMNOPQRSTUV
WXYZABCDESTRAUßFGHIJKLMNOPQRSTUVWXYZABCDEFGHIJKL
MNOPQRSTUVWXYZABCDEFGHIJKLMNOPQRSTUVSTRAUßWXYZA
BCDEFGHIJKLMNOPQRSTUVWXYZABCDEFGHIJKLMNOPQRSTUV
WXYZSTRAUßABCDEFGHIJKLMNOPQRSTUVWXYZABCDEFGHIJKL
MNOPQRSTUVWXYZABCDEFGHISTRÄUßEJKLMNOPQRSTUVWXYZ
ABCDEFGHIJKLMNOPQRSTUVWXYZABCDEFGHIJKSTRÄUßELMNO
PQRSTUVWXYZSTRAUßGHIJKLMNOPQRSTUVWXYZABCDEFGHIJK
LMNOPQRSTUVWXYZABCSTRAUßDEFGHIJKLMNOPQRSTUVWXYZ
ABCDEFGHIJKLMNOPQRSTUVWXYZABCDEFGHIJKLMNOPQRSTUV
WXYZABCDEFGHIJKLMNOPQRSTUVWXYZABCDEFGHIJKLMNOPQ
RSTUVSTRÄUßEWXYZABCDEFGHIJKLMNSTRAUßOPQRSTUVWXY
ZABCDEFGHIJKLMNOPQRSTUVWXYZABCDEFGHIJKLMNOPQRSTU
VWXYZABCDEFGHISTRAUßJKLMNOPQRSTUVWXYZABCDEFGHIJK
LMNOPQRSTRAUßYZABCDEFGHIJKLMNOPQRSTUVWXYZABCDEF
GHIJKLMNOPQRSTUVWXYZABCDEFGHIJKLMSTRAUßNOPQRSTUV
STRÄUßEWXYZABCDEFGHIJKLMNOPQRSTUVWXYZABCDEFGHIJK
LMNOPQRSTUVWXYZABCDEFGHIJKLMNOSTRAUßPQRSTUVWXYZ
ABCDEFGHIJSTRAUßQRSTUVWXYZABCDEFGHIJKLMNOPQRSTUVW
XYZABCDEFGSTRÄUßEHIJKLMNOPQRSTUVWXYZABCDEFGHIJK
LMNOPQRSTUVWXYZABCDEFGHIJKLMNOPQRSTUVWXYZABCDEF
GHIJKLMNOPQRSTUVWXYZABCDEFGHIJKLMNOPQRSTUVWXYZA
BCDEFGHIJKLMNOPQRSTUVWXYZABCDSTRAUßEFGHIJKLMNOPQ
RSTUVWXYZABCDESTRÄUßEFGHIJKLMNOPQRSTUVWXYZABCDE
FGHIJKLMNOPQRSTUVWXYZABCSTRAUßJKLMNOPQRSTUVWXYZ
ABCDEFGHIJKLMNOPQRSTUVWXYZABCDSTRÄUßEFGHIJKLMNOP
QRSTUVSTRAUßWXYZABCDEFGHIJKLMNOPQRSTUVWXYZABCDE
FGHIJKLMNOPQRSTUVWXYSTRAUßZABCDEFGHIJKLMNOPQRSTU
VWXYZABCSTRÄUßEDEFGHIJKLMNOPQRSTUVWXYZABCDEFGHIJ

☐ STRAUß

☐ STRÄUßE

8

41 Übung zur Aufmerksamkeit und Konzentration

*Wie oft findest du die Wörter „**BUSCH** und **BÜSCHE**“? Markiere diese Wörter und trage die Anzahlen unten in die Kästchen ein.*

ABCDEFGHIJKLMNOPQRBUSCHXYZABCDEFGHIJKLMNOPQRSTUV
WXYZABCDEFGHIJKLMNOPQRSTUVWXYZABCDBUSCHEFGHIJKLM
NOPQRSBUSCHYZABCDEFGHIJKLMNOPQRSTUVWXYZABCDEFGH
IJKLMNOPQRBÜSCHESTUVWXYZABCDEFGHIJKLMNOPQRSTUVW
XYZABCDEFGHIJKLMNOPQRSTUVWXYZABCDBUSCHEFGHIJKLMN
OPQRSTUVWXYZABCDEFGHIJKLMNOPQRSTUVWXYZABCDEFGHI
JKLMNOPQRSTUVWXBÜSCHEYZABCDEFGHIJKLMNOPQRSTUVWX
YZABCDEFGHIJKLMNOPQRSTUVWXYZABCDEFGBÜSCHEHIJKLMN
OPQRSTUVWXYZABCDEFGHIJKLMNOPQRSTUVWXYZABCDEFGHI
JKLMNOPQRSTUVWXYBUSCHZABCDEFGHIJKLMNOPQRSTUVWXY
ZABCDEFGHIJKLMNOPQRSTUVWXYZABCDEFGHIJKLMNOPQRSTU
VWXYZABCDEFGHIJKLMNOPQRSTUVWXYZBÜSCHEABCDEFGHIJKL
MNOPQRBUSCHSTUVWXYZABCDEFGHIJKLMNOPQRSTUVWXYZA
BCDEFGHIJKLMNOPQRSTUVWXYZABCDEFGHIJKLMNOPQRSTUV
WXYZABCDEFGHIJKLMNOPQRSTUVBÜSCHEWXYZABCDEFGHIJKL
MNOPQRSTUVWXYZABCDEFGHIJKLMNOPQRSTUVWXYZABCDEF
GHIJKLMBUSCHNOPQRSTUVWXYZABCDEFBUSCHGHIJKLMNOPQ
RSTUVWXYZABCDEFGHIJKLMNOPQRSTUVWXYZABCDEFGHIJKLM
NOPQRSTUVWXYZABCDEFGHIJKLBÜSCHEMNOPQRSTUVWXYZAB
CDEFGHIJKLMNOPQRSTUVWXYZABCDEFGHIJKLMNOPQRSTUVW
XYZABCDEFGHIBÜSCHEJKLMNOPQRSTUVWXYZABCDEFGHIJKLM
NOPQRSTUVWXYZABCDEFGHIJKLMNOPQRSTUVWXYZABCDEFGH
IJKLMNOPQRSTUVWXYZABCDEFGHIJBUSCHKLMNOPQRSTUVWX
YZABCDEBÜSCHEFGHIJKLMNOPQRSTUVWXYZABCDEFGHIJKLMN
OPQRSTUVWXYZABCDEFGHIJKLMNOPQRSTBUSCHUVWXYZABCD
EFGHIJKLMNOPQRSTUVWXYZABCDEBUSCHKLMNOPQRSTUVWX
YZABCDEFGHIJKLMBÜSCHENOPQRSTUVWXYZABCDEFGHIJKLMN
OPQRSTUVWXYZABCDEFGHIJKLMNOPQRSTUBUSCHVWXYZABCD
sEFGHIJKLMNOPQBÜSCHERSTUVWXYZABCDEFGHIJKLMNOPQRST

BÜSCHE

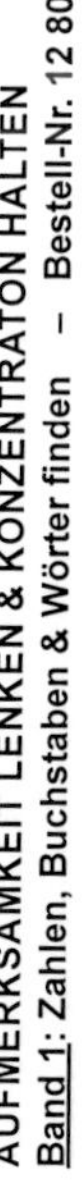

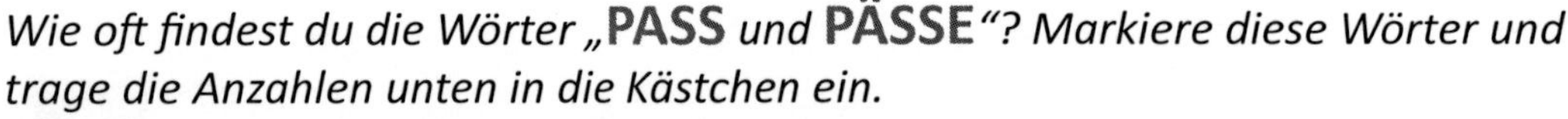

42 Übung zur Aufmerksamkeit und Konzentration

*Wie oft findest du die Wörter „**PASS** und **PÄSSE**“? Markiere diese Wörter und trage die Anzahlen unten in die Kästchen ein.*

ABCDEFGHIJPASSKLMNOPQRSTUVWXYZABCDEFPÄSSEGHIJKLM
NOPQRSTUVWXYZABCDEFPÄSSELMNOPQRSTUVWXYZABCDEFG
HIJKLMNOPQRSTUVWXYZABPASSCDEFGHIJKLMNOPQRSTUVWX
YZABCDPÄSSEJKLMNOPQRSTUVWXYZABCDEFGHIJKLMNOPQRS
TUVWXYZABCDEFGHIJKLMNOPQRSTUVWXYZABCDEFPASSGHIJK
LMNOPQRSTPÄSSEUVWXYZABCDEFGHIJKLMNOPQRSTUVWXYZA
BCDEFGHIJKLMNOPQRSTUVWXYPÄSSEFGHIJKLMNOPQRSTUVW
XYZABCDEFGHIJKLMNOPQRSTUVWXYZABCDPASSEFGHIJKLMNO
PQRSTUVWPASSXYZABCDEFGHIJKLMNOPQRSTUVWXYZABCDEF
GHIJKLMNOPQRSTUVWXYZABCDEFGHIJKLMNOPQRSTUVWXYZA
BCDEFGHIJKLMNOPQRSTUVWXYZABCPÄSSEDEFGHIJKLMNOPQR
STUVWXYZPASSBCDEFGHIJKLMNOPQRSTUVWXYZABCDEFGHIJK
LMNOPQRSTUVWXYZABCDEFGHIJKLMNOPQRSTUVPASSWXYZAB
CDEFGHIJKLMNOPQRSTUVWXYZABCDEFGHIJKLMNOPQRSTUVW
XYZABCDEFGHIJKLMNOPQRSTUVWXYZAPÄSSEBCDEFGHIJKLMN
OPQRSTUVWXYZABCDEFPÄSSEGHIJKPÄSSELMNOPQRSTPÄSSE
XYZABCDEPÄSSEKLMNOPQRSTUVWXYZABCDEFGHIJKLMNOPQR
STUVWXYZABCDEFGHIJKLMNOPQRSTUVWXYZABCDEFPASSGHI
JKLMNOPQRSTUVWXYZABCDEFGHIJKLMNOPÄSSEUVWXYZABCDE
FGHIJKLMNOPQRSPASSTUVWXYZABCDEFGHIJKLMNOPQRSTUV
WXYZABCDEFGHIJKLMNOPQRSTUVWXYZABCDEFGHIJKLMNOPQ
RSTUVWXYZABCDEFGHIJKLMNOPQRSTUVWXYZPÄSSEABCDEFG
HIJKLMNOPQRSTPÄSSEUVWXYZPASSABCDEFGMNOPQRSTUVWX
YZABCDEFGHIJKLMNOPQRSTUVWXYZABCDEFGHIJKLMNOPQRST
UVWXYZABCPASSDEFGHIJKLMNOPQRSTPASSYZABCDEFGHIJKL
MNOPQRSTUVWXYZABCDEFGHIJKLMNOPQRSTUVWXYZABCDEF
GHIPASSJKLMNOPQRSTUVWXYZABCDEFGHIJKLMNOPQRSTUVW
XYZABCDEFGHIJKLMNOPQRSTUVWXYZABCDPÄSSEFGHIJKLMNO
PQRSTUVWXYZPASSABCDEFGHIJKPÄSSELMNOPQRSTUVWXYZA

☐ PASS

☐ PÄSSE

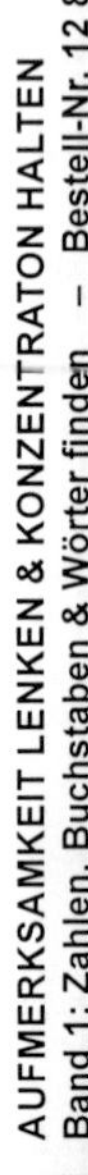

43 Übung zur Aufmerksamkeit und Konzentration

*Wie oft findest du die Wörter „***VORHANG** *und* **VORHÄNGE***"? Markiere diese Wörter und trage die Anzahlen unten in die Kästchen ein.*

ABCDEFGHIJKLMNOPQRSTUVWXYZABCDEFGHIJKLMNOPQRSTUV
WXYZABCDEFGHIJKLMVORHANGNOPQRSTUVWXYZABCDEFGHIJ
KLMNOPQRSTUVWXYZABCDEFGHIJKLMNOPQRVORHANGSTUVW
XYZABCDEFGHIJKLMNOPQRSTUVWXYZABCDEFGHIJKLMNOPQRS
TUVWXYZABVORHANGCDEFGHIJKLMNOPQRSTUVWXYZABCDEFG
HIJKLMNOPQRSTUVWXYZABCDEFGHIJVORHÄNGEKLMNOPQRST
UVWXYZABCDEFGHIJKLMNOPQRSTUVWXYZABCDEFGHIJKLMNO
PQRSTUVWXVORHÄNGEYZABCDEFGHIJKLMNOPQRSTUVWXYZAB
CDEFGHIJKLMNOPQRSTUVWXYZABCDEFGHIJKLMNOPQRSTUVW
XYZABCDEFGHIJKLMNOPQRSTUVWXYZAVORHANGBCDEFGHIJKL
MNOPQVORHÄNGERSTUVWXYZABCDEFGHIJKLMNOPQRSTUVWX
YZABCDEFGHIJKLMNOPQRSTUVWXYZABVORHANGCDEFGHIJKLM
NOPQRSTUVWXYZABCDEFGHIJKLMNOPQRSTUVWXYZABCDEFGH
IJKLMNOPQRSTUVWXYZABCDEFGHIJKLMNOPQRSTUVWXYZABC
DEFGHIJKLMNOPQRSTUVORHÄNGEVWXYZABCDEFGHIJKLMNOP
QRSTUVWXYZABCDEFGHIJKLMNOPQRSTUVWXYZABCDEFGHIJKL
MNOPQRSTUVWXYZABCDEFGHIJKLMNOPQRSTUVWXYZABCDEF
GHIJKLMNOPQRSTUVWXYZABCDEFGHIJKLMNOPQRSTUVWXYZA
BCDEFVORHÄNGEGHIJKLMNOPQRSTUVORHANGWXYZABCDEFG
HIJKLMNOPQRSTUVWXYZABCDEFGHIJKLMNOPQRSTUVWXYZAB
CDEFGHIJKLMNVORHANGOPQRSTUVWXYZABCDEFGHIJKLMNOP
QRSTUVWXYZABCDEFGHIJKLMNOPQRSTUVWXYZABCDEFGHIJKL
MNOPQRSTUVWXYZABCDEFGHIJKLMNOPQVORHÄNGERSTUVWX
YZABCDEFGHIJKLMNOPQRSTUVWXYZABCDEFGHIJKLMNOPQRST
UVWXYZABCDEFGHIJKLMNOPQRSTUVWXYZABCDEFGHIJKLMNO
PQRSTUVWVORHANGXYZABCDEFGHIJKLMNOPQRSTUVWXYZAB
CDEFGHIJKLMNOPQRSTUVWXYZABCDEFGHIJKLMNOPQRSTUVW
XYZABCDEFGHIJKLMNOPQRSTUVWXYZABCDEFGHIJKLMNOPQRS
sTUVWXYZABCDEFGHIJKLMNOVORHÄNGEPQRSTUVWXYZABCDEF

☐ VORHANG

☐ VORHÄNGE

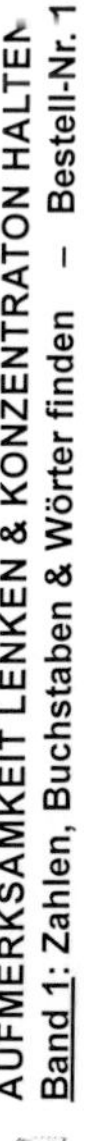

8

44 Übung zur Aufmerksamkeit und Konzentration

*Wie oft findest du die Wörter „**WALD** und **WÄLDER**"? Markiere diese Wörter und trage die Anzahlen unten in die Kästchen ein.*

ABCDEFGHWÄLDERIJKLMNOPQRSWALDTUVWXYZABCDE
FGHIJKLMNOPQRSTUVWXYZABCDEFGHIJKLMNOPQRSTU
VWXYZABCDEFGHIJKLWALDMNOPQRSTUVWXWALDYZAB
CDEFWALDGHIJKLMNOPQRSTUVWXYZABCDEFGHIJKLMN
OPQRSTUVWXYZABCDEFGHIJKLMNOPQRSTUVWXYZABC
DEFGHIJKLMNWÄLDEROPQRSTUVWXYZABCDEFGHIJKLM
NOPQRSTUVWXYZABCDEFGHIJKLMNOPQWÄLDERRSTUV
WXYZABCDEFGHIJKLMNOPQRSTUVWXYZABCDEFGHIJKL
MNOPWÄLDERQRSTUVWXYZABCDEFGHIJKLMNOPQRST
UVWXYZABCDEFGHIJKLMNOWALDPQRSTUVWXYZABCDE
FGHIJKLMNOPQRSTUVWXYZABCDEFGHIJKLMNOPQRSTU
VWXYZWÄLDERABCDEFGHIJKLMNOPQWALDRSTUVWXYZ
ABCDEFGHIJKLMNOPWALDQRSTUVWXYZABCDEFGHIJKL
MNOPQRSTUVWXYZABCDEFGHIJKLMNOPWÄLDERQRST
UVWXYZABCDEFGHIJKLMNOPQRSTUVWXYZABCDEFGHIJ
KLMNOPQRSTWALDUVWXYZABCDEFGHIJKLMNOPQRSTU
VWXYZABCDEFGHIJKLMNOPQRSTUVWXYZABCDEFGHIJK
LMNOPQRSTUVWXYZABCDEFGHIJKLMNOPQRSTUVWXYZ
ABCDEWÄLDERFGHIJKLMNOPQRSTUVWXYZABCDEFGHIJ
KLMNOPQRSTUVWXYZABCDEFGHIJKWÄLDERLMNOPQRS
TUVWXYWALDZABCDEFGHIJKLMNOPQRSTUVWXYZABCD
EFGHIJKLMNOPQRSTUVWXYZABCDWALDEFGHIJKLMNOP
QRSTUVWXYZABCDEFGHIWÄLDERJKLMNOPQRSTUVWXY
ZABCDEFGHIJWALDKLMNOPQRSTUVWXYZABCDEFGHIJK

WALD

WÄLDER

KOHL VERLAG
AUFMERKSAMKEIT LENKEN & KONZENTRATON HALTEN
Band 1: Zahlen, Buchstaben & Wörter finden – Bestell-Nr. 12 802

8

45 Übung zur Aufmerksamkeit und Konzentration

*Wie oft findest du die Wörter „***TOPF** *und* **TÖPFE***"? Markiere diese Wörter und trage die Anzahlen unten in die Kästchen ein.*

ABCDEFGHIJKLMTOPFNOPQRSTUVWXYZABCDEFGHIJKLMNOPQR
STUVWXYZABCDEFGHIJKLMNOPQRSTUVWXYZABCDEFGHIJKLMN
OPQRSTUVWXYZABCDEFGHIJKLMTÖPFENOPQRSTUVWXYZABCD
EFGHIJKLMNOPQRSTUVWXYZABCDEFGHIJKLMNOPQRSTUVWXY
ZABCDTOPFEFGHIJKLMNOPQRSTUVWXYZABCDEFGHIJKLMNOPQ
RSTUVWXYZABCDEFGHIJKLMNOPQRSTUVWTÖPFEXYZABCDEFG
HIJKLMNOTOPFPQRSTUVWXYZABCDEFGHIJKLMNOPQRSTUVWX
YZABCDEFGHIJKLMNOPQRSTUVWXYZABCDEFGHIJKLMNOPQRST
UVWXYZABCDEFGHIJKLMNOPQRSTUVWXYZABCDEFGHIJKLMNO
PQRSTUVWXYZABCDEFGHIJKLMTÖPFENOPQRSTUVWXYZABCDE
FGHIJKLMNOPQRSTUVWXYZABCDEFGHIJKLMNOPQRSTUVWXYZ
ABCDEFTÖPFEGHIJKLMNOPQRSTUVWXYZABCDEFGHIJKLMNOPQ
RSTUVWXYZABCDEFGHIJKLMNOPQRSTUVWXYZABCDEFGHIJKLM
NOPQRSTUVWXYZABCDEFGHIJKLMNOPQRSTUVWXYZABCDEFGH
IJKLMNOPQRSTUVWXYZABCDEFGHIJKLMNOPQRTOPFSTUVWXYZ
ABCDEFGHIJKLMNOPQRSTUVWXYZABCDEFGHIJKLMNOPQRSTUV
WXYZABCDETOPFGHIJKLMNOPQRSTUVWXYZABCDEFGHIJKLMN
OPQRSTUVWXYZABCDEFGHIJKLMNOPQRSTUVWTOPFXYZABCDE
FGHIJKLMNOPQRSTUVWXYZABCDEFGHIJKLMNOPQRSTUVWXYZ
ABCDEFGHIJKLMNOPQRSTUVWXYZABCDEFGHIJKLMNOPQRSTUV
WXYZABCDEFGHIJKLMNOPQRSTUVWXYZABCDEFGHIJKLMNOPQ
RSTUVWXYZABTÖPFECDEFGHIJKLMNOPQRSTUVWXYZABCDEFG
HIJKLMNOPQRSTUVWXYZABCDEFGHIJKLMNOPQRSTUVWXYZAB
CDEFGHIJKLMNOPQRSTUVWXYZABCDEFTOPFGHIJKLMNOPQRST
UVWXYTÖPFEZABCDEFGHIJKLMNOPQRSTUVWXYZABCDEFGHIJK
LMNOPQRSTUVWXYZABCDEFGHIJKLTOPFMNOPQRSTUVWXYZAB
CDEFGHIJKLTOPFMNOPQRSTUVWXYZABCDEFGHIJKLMNOPQRST
UVWXYZABCDEFGHIJKLMNOPQRSTUVWXYZTOPFABCDEFGHIJKL

☐ TOPF

☐ TÖPFE

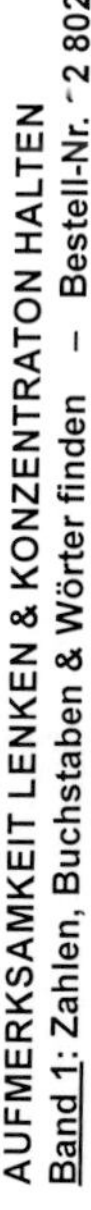

46 Übung zur Aufmerksamkeit und Konzentration

*Wie oft findest du die Wörter „***SCHNEE, SEE** *und* **TEE***“? Markiere diese Wörter und trage die Anzahlen unten in die Kästchen ein.*

ABCDEFGHIJKLMTEENOPQRSTUVWXYZABCDEFGHSEEIJKLMNOPQRSTUVW
XYZABCDEFGHIJKLMNOPQRSTUVSCHNEEWXYZABCDEFGHIJKLMNOPQRSTU
VWXYZABCDEFGHIJKLMNOPQRSTUVWXYZABCDEFGHIJKLMNOPQRSTUVWX
YZABCDEFSEEGHIJKLMNOPQRSTUVWXYZABCDEFSEEGHIJKLMNOPQRSTUV
WXYZABCDEFGHIJKLMNOPQRSEETUVWXYZABCDEFGHIJKLMNOPQRSTUVW
XYZABCDEFGHIJKLMNSCHNEEOPQRSTUVWXYZABCDEFGHIJKLMNOPQRSTU
VWXYZABCDEFGHIJKLMNOPQRSTUVWXYZABCDEFGHISEEJKLMNOPQRSTU
VWXYZSEEABCDEFGHIJKLMNOPQRSTUVWXYZABCDEFGHIJKLMNOPQRSTU
VWXYZABCDEFGHITEEJKLMNOPQRSTUVWXYZABCDEFGHIJKLMNOPQRSTU
VWXYZABCDEFGHIJKLMNOPQRSTUVWXYZABCDEFGHIJKLMNOPQRSTUVWX
YZABCDEFGHIJKLMNOPQRSTUVWXYZABCDEFGHIJKLMNSCHNEEOPQRSTUV
WXYZABCDEFGHIJKLMNOPQRSTUVWXYZABCDEFGHIJKLMNOPQRSTUVWXY
ZABCDEFGHITEEJKLMNOPQRSTUVWXYZABCDEFSEEGHIJKLMNOPQRSTUV
WXYZABCDEFGHIJKLMNOPQRSTUVWXYZABCDEFGHIJKLMNOSCHNEEPQR-
STUVWXYZABCDEFGHIJKLMNOPQRSTUVWXYZABCDEFGHIJKLMNOPQRSTU-
VWXYZABCDEFGHIJKLSCHNEEMNOPQRSTUVWXYZABCDEFGHIJKLMNOPQRS
TUVWXYZABCDEFGHIJKLMNOPQRSTUVWXYZABCDEFGHIJKLMNOPQRSTUV
WXYZABCDEFGHIJKLMNOPQRSTUVWXYZABCDEFSCHNEEGHIJKLMNOPQRS
TUVWXYZABCDEFGSEEHIJKLMNOPQRSTUVWXYZABCDEFGHIJKLMNOPQRST
UVWXYZABCDEFGHIJKLMNOPQRSTUVWXYZABCDEFTEEGHIJKLMNOPQRSTU-
VWXYZABCDEFGHIJKLMNOPQRSTUVWXYZABCDEFGHIJKLMNOPQRSTUVW
XYZABCDEFGHIJKLMNOPTEEQRSTUVWXYZABCDEFGHIJKLMNOPQRSTUVW
XYZABCDEFGHIJKLMNOPQRSTUVWXYZABCDEFGHIJKLMNOTEEPQRSTUVW
XYZABCDEFGHIJKLMNOPQRSTUVWXYZABCDEFGHIJKLMNOPQRSTUVWXYZ
ABCDEFGHIJKLMNSCHNEEOPQRSTUVWXYZABCDEFGHISCHNEEJKLMNOPQR-
STUVWXYZABCDEFGHIJKLMNSEEOPQRSTUVWXYZABCDEFGHIJKLMNOPQ
RSTUVWXYZABCDEFGHIJKLMNOPQRSTUVWXYZABCDEFGHIJKLMNOPQRST
USEEVWXYZABCDEFGHIJKLMNOPQRSTUVSCHNEECDEFGHIJKLMNOPQRST
UVWXYZABCDEFGHIJKLMNOPQTEERSTUVWXYZABCDEFGHIJKLMNOPQRST
UVWXYZABCDEFGHIJKLMNOPQRSTUVWXYZABCDEFGHIJKLMNSCHNEEOPQ
RSTUVWXYZABCDEFGHIJKLMNOPQRSTUVWXYZABCSEEDEFGHIJKLMNOPQ
RSTUVWXYZABCDEFGHIJKLSEEMNOPQRSTUVWXYZABCDEFGHIJKLMNOPQ
RSTUVWXYZABCDEFGHIJKLMNOPQRSTUVWXYZABCDEFTEEGHIJKLMNOPQ
RSTUVWXYZABCDEFSCHNEEGHIJKLMNOPQRSTUVSEEWXYZABCDEFTEEGH

☐ SCHNEE ☐ TEE

☐ SEE

KOHL VERLAG Lernen mit Erfolg
AUFMERKSAMKEIT LENKEN & KONZENTRATON HALTEN
Band 1: Zahlen, Buchstaben & Wörter finden – Bestell-Nr. 12 802

 47 Übung zur Aufmerksamkeit und Konzentration

*Wie oft findest du die Wörter „***BOOT, ZOO** *und* **MOOS***“? Markiere diese Wörter und trage die Anzahlen unten in die Kästchen ein.*

ABCDEFGHIJKLMNOPQRSTUVWXYZABCDEFGHIJKLMNOPQRSTUVWXYZABC
DEFGHIJKLBOOTMNOPQRSTUVWXYZABCDEFGHIJKLMNOPQRSTUVWXYZAB
CDEFGHIJKLMNOPQRSTUVWXYZABCDEFGHIJKBOOTLMNOPQRSTUVWXYZA
BCDEFGHIJKLMNOPQRSTUVWXYZABCDEFGHIJKLMNOPQRSTUVWXYZABCD
EFGHIJKLMNZOOPQRSTUVWXYZABCDEFGHIJKLMNOPQRBOOTSTUVWXYZA
BCDEFGHIJKLMNOPQRSTUVWXYZABCDEFGHIJKLMNOPQRSTUVWXYZABCD
EFGHIJKLMNOPMOOSQRSTUVWXYZABCDEFGHIJKLMNOPQRSTUVWXYZABC
DEFGHIJKLMNOPQRSTUVWXYZABCDEFGHIJKLMNOPQRSTUVWXYZABCDEF
GHIJKLMNOPQRSTUVWXYZABCDEFGHIJKLMNOPQRSTUBOOTVWXYZABCDE
FGHIJKLMNOPQRSTUVWXYZABCDEFGHIJKLMNOPQRSTUVWXYZABCDEFGHI
JKLMNOPQRSZOOTUVWXYZABCDEFGHIJKLMNOPQRSTUVWXYZABCDEFGHI
JKLMNOPQRSTUVWXYZABCDEFGHIJKLMNOPQRSTUZOOVWXYZABCDEFGHI
JKLMNOPQRSTUVWXYZMOOSDEFGHIJKLMNOPQRSTUVWXYZABCDEFGHIJK
LMNOPQRSTUVBOOTWXYZABCDEFGHIJKLMNOPQRSTUVWXYZABCDEFGHIJ
KLMNOPQRSTUVWXYZABCDEFGHIJKLMNOPQRSTUVWXYZABCDEFGHIJKLM
NOPQRSTUVWXYZABCDEFGHIJKLMNOPQRSTUVWXMOOSYZABCDEFGHIJKL
MNOPQRSTUVWXYZABCDEFGHIJKLMNOPQRSTUVWXYZABCDEFGHIJKLMNO
PQRSTUVWXYZABCDEFGHIJKLMNOPQRSTUVWXYZABCDEFGHIJKLMNOPQR
STUVWXYZABCDEFGHIJKLMNOPMOOSUVWXYZABCDEFGHIJKLMNOPQRSTU
VWXYZABCDEFMOOSGHIJKLMNOPQRSTUVWXYZABCDEFGHIJKLMNOPQRST
UVWXYZABCDEFGHIJKLMNOPQRSTUVWXYZABCDEFGHIJKBOOTLMNOPQRS
TUVWXYZABCDEFGHIJKLMNOPQRSTUVWXYZABCDEFGHIJKLMNOPQRSTUV
WXYZABCDEFGHIJKLMNOPQRSTUVWXYZABCDEFGHIJKLMNOPQRSTUVWXY
ZABCDEFGHIJKLMNOPQRSTUVWXYZABCDEFGHIJKLMNOPQRSTUVWXYZAB
CDEFGHIJKLMNOPQRSTUVWXYZABCDEFGHIJKLMNOPQRSTUVWXYZABCDE
FGHIJKLMNOPQRSTUVWXYZMOOSABCDEFGHIJKLMNBOOTOPQRSTUVWXYZ
ABCDEFGHIJKLMNOPQRSTUVWXYZABCDEFGHIJKLMNOPQRSTUVWXYZABC
DEFGHIJKLMNOPQRSTUVWXYZABCDEFGHIJKLMNOPQRSTUVWXYZABCDEF
GHIJKLMNOPQRZOOSTUVWXYZABCDEFGHIJKLMNOPQRSTUVWXYZABCDEF
GHIJKLMNOPQRSTUVWXYZABCDEFGHIJKLMNOPQRSTUVWXYZABCDEFGHIJ
KLMNOPQRSTUVWXYZABCDEFGHIJKLMNOPQRZOOSTUVWXYZABCDEFGHIJ
KLMNOPQRSTBOOTUVWXYZABCDEFGHIJKLMNOPQRSTUVWXYZABCDEFGHI
JKLMNOPQRSTUVWXYZABCDEFGHIJKLMNOPQRSTUMOOSVWXYZABCDEFG

☐ BOOT ☐ MOOS

☐ ZOO

AUFMERKSAMKEIT LENKEN & KONZENTRATON HALTEN
Band 1: Zahlen, Buchstaben & Wörter finden – Bestell-Nr. 12 802
KOHL VERLAG

48 Übung zur Aufmerksamkeit und Konzentration

*Wie oft findest du die Wörter „***MÄRCHEN, KÄFIG** *und* **KÄSE***"? Markiere diese Wörter und trage die Anzahlen unten in die Kästchen ein.*

ABCDEFGHIJKLMNOPQRSTUVWKÄSEBCDEFGHIJKLMNOPQRSTUVWXYZABC
DEFGHIJKLMNOPQRSTUVWXYZABCDEFGHIJKLMNOPQRSTUVWXYZABCDEF
GHIJKLKÄFIGMNOPQRSTUVWXYZABCDEFGHIJKLMNKÄFIGOPQRSTUVWXYZ
ABCDEFGHIJKLMNOPQRSTUVWXYZABCDEFGHIJKLMNOPQRSTUVWXYZABC
DEFGHIJKLMNOPQRSTUVWXYMÄRCHENZABCDEFGHIJKLMNOPQRSTUVWXY
ZABCDKÄSEEFGHIJKLMNOPQRSTUVWXYZABCDEFGHIJKLMNOPQRSTUVWX
YZABCDEFGHIJKLMNOPQRSTUVWXYZABCDEFGHIJKLMNOPQRSTUVWXYZA
BCDEFGHIJKLMNOPQRSTUVWXYZABCDKÄSEEFGHIJKLMNOPQRSTUVWXYZ
ABCDEFGHIJKLMNOPQRSTUVWXYZABCDEFGHIJKLMNOKÄSETUVWXYZABC
DEFGHIJKLMKÄSENOPQRSTUVWXYZABCDEFGHIJKLMNOPQRSTUVWXYZAB
CDEFGHIJKLMNOPQRSTUVWXYZABCDEFGHIJKLMNOPQRSTUVWXYZABCDE
FGHIJKLMNOPQRSTUVWXYZABCDEFGHIJKLMNOPQRSTUVWXYZABCDEFGHI
JKLMNOPQRSTUVWXYZABCDEFGHIJKLMNOPMÄRCHENQRSTUVWXYZABCD
EFGHIJKLMNOPQKÄSERSTUVWXYZABCDEFGHIJKLMNOPQRSTUVWXYZABC
DEFGHIJKLMNOPQRSTUVWXYZABCDEFGHIJKLMNOPQRSTUVWXYZABCDEF
GHIJKLMNOPQRSTUVWXYZABCDEFGHIJKLMÄRCHENNOPQRSTUVWXYZABC
DEFGKÄFIGHIJKLMNOPQRSTUVWXYZABCDEFGHIJKLMNOPQRSTUVWXYZAB
CDEFGHIJKLMNOMÄRCHENWXYZABCDEFGHIJKLMNOPQRSTUVWXYZABCDE
FGHIJKLMNOPQRSTUVWXYZABCDEFGHIJKLMNOPQRSKÄFIGTUVWXYZABCD
EFGHIJKLMKÄSERSTUVWXYZABCDEFGHIJKLMNOPQRSTUVWXYZABCDEFGH
IJKLMNOPQRSTUVWXYZKÄFIGABCDEFGHIJKLMNOPQRSTUVWXYZABCDEFG
HIJKLMNOPQRSTUVWXYZABCDEFGHIJKLMNOPQRSTUVWXYZABCDEFGHIJK
LMNOPQRSTUVWXYZABCDEFGHIJKLMNOPQMÄRCHENRSTUVWXYZABCDEF
GHIJKLMNOPQRSTUVWKÄSEBCDEFGHIJKLMNOPQRSTUVWXYZABCDEFGHIJ
KLMNOPQRSTUVMÄRCHENWXYZABCDEFGHIJKLMNOPQRSTUVWXYZABCDE
FGHIJKLMNOPQRSTUVWXYZABCDEFGHIJKLMNKÄFIGOPQRSTUVWXYZABCD
EFGHIJKLMNOPQRSTUVWXYZABKÄSEGHIJKLMNOPQRSTUVWXYZABCDEFG
HIJKLMNOKÄSEPQRSTUVWXYZABCDEFGHIJKLMNOPQRSTUVWXYZABCDEF
GHIJKLMNOPQRSTUVWXYZABCDEFGHIJKLMNOPQRKÄSESTUVWXYZABCDE
FGHIJKLMNOPQRSTUVWXYZABCDEFGHIJKLMNOPQRSTUVWXYZABCDEFGHI
JKLMNOPQKÄFIGRSTUVWXYZKÄSEABCDEFGHIJKLMNOPQRSTUVWXYZABC
DEFGHIJKLMNOPQRSTUVWXYZABCDEFGHMÄRCHENIJKLMNOPQRSTUVWXY
ZABCDEFGHMÄRCHENIJKLMNOPQRSTUVWXYZABCDEFGHIJKLMNOPQRSTU
VWXYZABCDEFGHIJKLMNOPQRSTUVWXYMÄRCHENZABCDEFGHIJKLMNOPQ

☐ MÄRCHEN

☐ KÄSE

☐ KÄFIG

AUFMERKSAMKEIT LENKEN & KONZENTRATON HALTEN
Band 1: Zahlen, Buchstaben & Wörter finden – Bestell-Nr. 12 802
KOHL VERLAG

49 Übung zur Aufmerksamkeit und Konzentration

*Wie oft findest du die Wörter „***FRÜHLING, SOMMER, HERBST** *und* **WINTER***"?*
Markiere diese Wörter und trage die Anzahlen unten in die Kästchen ein.

ABCDEFGHIJKLMFRÜHLINGNOPQRSTUVWXYZABCDEFGHIJKLMNOPQRSTUV
WXYZABCDEFGHIJKLMNOPQRSTUVWXYZAFRÜHLINGBCDEFGHIJKLMNOPQR
STUVWXYZABCDEFGHIJKLMNOPQRSTUVWXYZABCDEFGHIHERBSTPQRSTU
VWXYZABFRÜHLINGCDEFGHIJKLMNOPQRSOMMERTUVWXYZABCDEFGHIJKL
MNOPQRSTUVWXYZABCDEFGHIJKLMNOPQRSTUVWXYZABCDEFGHIJKLMNO
PQRSTUVWXYZABCDSOMMEREFGHIJKLMNOPQRSTUVWXYZABCDEFGHIJKL
MNOPQHERBSTWXYZABCDEFGHIJKLMNOPQRSTUVWXYZABCDEFGHIJKLMN
OPQRSTUVWXYZABCDEFGHIJKLMNOPQRSTUVWXYFRÜHLINGZABCDEFGHIJ
KLMNOPQRSTUVWXYZABCDEFHERBSTLMNOPQRSTUVWXYZABCDEFGHIJKL
MNOPQRSTUVSOMMERWXYZABCDEFGHIJKLMNOPQRSTUVWXYZABCDEFGH
IJKLMNOPQRSTUVWXYZABCDEFGHIJKLMNOPQRSTUVWXYZABCDEFGHIJKL
MNOPQRSTUVWXYZABCDEFGHIJKLMNOPQRHERBSTSTUVWXYZABCDEFGHI
JKLMNOPQRSTUVWXYZABCDEFGHIJKLMNOPQRSTUVWXYZABCDEFGHIJKLM
NOPQRSTUVWXHERBSTYZABCDEFGHIJKLMNOPQRSTUVWXYZABCDEFGHIJ
KLMNOPQRSTUVWXYZABCDEFGHIJKLMNOPQRSTUVWXYZABWINTERCDEFG
HIJKLMNOPQRSTUVWXYZABCDEFGHIJKLMNOPQRSTUVWXYZABCDEFGHIJK
LMNOPQRSTUVWXYZABCDEFWINTERGHIJKLMNOPQRSTUVWXYHERBSTFGH
IJKLMNOPQRSTUVWXYZABCDEFGHIJKLMNOPQRSTUFRÜHLINGVWXYZABCD
EFGHIJKLMNOPQRSTUVWXYZABCDEFGHIJKLMNOPQRSTUVWXYZABCDEFG
HIJKLMNOPQRSTUVWXYZSOMMERABCDEFGHIJKLMNOPQRSTUVWXYZABCD
EFGHIJKLMNOPQRSTUVWXYZABCDEFGHIJKLMNOPQRSTUVWXYZABCDEFG
HIJKLMNOPQRSTUVWXYZABCDEFGHIJKLMNOPQHERBSTRSTUVWXYZABCD
EFGHIJKLMNOPWINTERQRSTUVWXYZABCDEFGHIJKLMNOPQRSTUVWXYZAB
CDEFGHIJKLMNOPQRSTUVWXYZABCDEFGHIJKLMNOPQFRÜHLINGRSTUVWX
YZABCDEFGHIJSOMMERKLMNOPQRSTUVWXYZABCDEFGHIJKLMNOPQRSTU
VWXYZABCDEFGHIJKLMNOPQRSTUVWXYZABCHERBSTDEFGHIJKLMNOPQR
STUVWXYZABCWINTERDEFGHIJKLMNOPQRSTUVWXYZABCDEFGHIJKLMNOP
QRSTUVWXYZABCDEFGHIJKLMNOSOMMERVWXYZABCDEFGHIJKLMNOPQRS
TUVWXYZABCDEFGHIJKLHERBSTMNOPQRSTUVWXYZABCDEFGHIJKLMNOP
QRSTUVWXYZABCDEFGHIJKLMNOPQRSTUVWXYZABCDEHERBSTFGHIJKLM
NOPQRSTUVWXYZWINTERABCDEFGHIJKLMNOPQRSTUVWSOMMERXYZABC
DEFGHIJKLMNOPQRSTUVWXYZSOMMERABCDEFGHIJKLMNOPQRSTUVWXYZ

☐ FRÜHLING 

50 Übung zur Aufmerksamkeit und Konzentration

*Wie oft findest du die Wörter „***BIENE, KÄFER, GRAS** *und* **BLUME***“? Markiere diese Wörter und trage die Anzahlen unten in die Kästchen ein.*

ABCDEFGHIJKLMNOPQRSTUVWXYZABCDEFBLUMELMNOPQRSTUVWXYZABC
DEFGHIJKLMNOPQRSTUVWXYZABCDEFGHIJKLMNOPQRSTUVWXYZGRASAB
CDEFGHIJKLMGRASNOPQRSTUVWXYZABCDEFGHIJKLMNOPQRSTUVWXYZA
BCDEFGHIJKLMNOPQRSTUVWXYZABCDEFGHIJKLMBLUMESTUVWXYZABCDE
FBIENEGHIJKLMNOPQRSTUVWXYZABCDEFGHIJKLMNOPQRSTUVWXYZABCD
EFGHIJKLMNOPQRSTUVWXYZBIENEABCDEFGHIJKLMNOPQRSTUVWXYZABC
DEFGHIJKLMNOPQBLUMEWXYZABCDEFGHIJKLMNOPQRSTUVWXYZABCDEF
GHIJKLMNOPQRSTUVWXYZABCDEFGHIJKLMNOPQRSTUVWXYZBIENEABC
DEFGHIJKLMNOPQRSTUVWXYZKÄFERABCDEFGHIJKLMNOPQRSTUVWXYZABC
DEFGHIJKLMNOPQRSTUVWXYZABCDEFGHIJKLMNOPQRSBLUMEYZABCDEF
GHIGRASNOPQRSTUBLUMEABCDEFGHIJKLMNOPQRSTUVWXYZABCDEFGHIJ
KLMNOPQRSTUVWXYZABCDEFGHIJKLMNOPQRSTUVWXYZABCDEFGHIJKLM
NOPQRSTUVWXYZABCDEFGHIJKLMNOPQRSTUVWBLUMECDEFGHIJKLMNOP
QRBLUMEHIJKLMNOPQRSTUVWXYZABCDEFGHIJKLMNOPQRSTUVWXYZABC
DEFGHIJKLMNOPQRSTUVWXYZABCDEFGHIJKLMNOPQRSTUVWXYZABCDEF
GHIJKLMNOPQRSTUVWXYZKÄFERABCDEFGHIJKLMNOPQRSTUVWGRASXYZ
ABCDEFGHIJKLMNOPQRSTUVWXYZABCDEFGHIJKLMNOPQRSTUVWXYZABC
DEFGHIJKLMNOPQRSTUVWXYZABCDEFGHIJKLMNOPQRSTUVWXYZABCDEF
GHIJKLMNOPQRSTUVWXYZABCDEFGHIJKKÄFERLMNOPQRSTUVWBIENEXYZ
ABCDEFGHIJKLMNOPQRBLUMEXYZABCDEFGHIJKLMNOPQRSTUVWXYZABC
DEFGHIJKLMNOPQRSTUVWXYZBLUMEABCDEFGHIJKLMNOPQRSTUVWXYZA
BCDEFGHIJKLMNOPQRSTUVWXYZABCDEFGHIJKBLUMEQRSTUVWXYZABC
DEFGGRASHIJKLMNGRASSTUVWXYZABCDEFGHIJKLMNOPQRSTUVWXYZA
BCDEFGHIJKLMNOPQRSTUVWXYZABCDEFBLUMEGHIJKLMNOPQRSTUVWXYZA
BCDEFGHIJKLBIENEMNOPQRSTUVWXYZABCDEFGHIJKLMNOPQRSTUVWXYZ
ABCDEFBLUMEMNOPQRSTUVWXYZKÄFERABCDEFGHIJKLMNOPQRSTUVWX
YZABCDEFGHIJKLMNOPQRSTUVWXYZABCDEFGHIJKLMNOPQRGRASTUVWX
YZABCDEFGHIJKLMNOPQRSTUVWXYZABCDEFGHIJKLMNOPQRSTUVWXYZA
BCDEFGBLUMEHIJKLMNOPQRSTUVWXYZGRASABCDEFGHIJKLMNOPQRSTU
VWXYZABCGRASDEFBIENEGHIJKLMNOPQRSTUVWXYZKÄFERABCDEFGHIJK
LMNOPQRSTUVWXYZABCDEFGHBIENEJKLMNOPQRSTUVWXYZABCDEFGHIJ

☐ BIENE ☐ GRAS

☐ KÄFER ☐ BLUME

AUFMERKSAMKEIT LENKEN & KONZENTRATON HALTEN
Band 1: Zahlen, Buchstaben & Wörter finden – Bestell-Nr. 12 802
KOHL VERLAG

51 Übung zur Aufmerksamkeit und Konzentration

*Wie oft findest du die Wörter „***ROLLER, FAHRRAD, AUTO** *und* **BUS***"?*
Markiere diese Wörter und trage die Anzahlen unten in die Kästchen ein.

ABCDEFGHIJKROLLERRSTUVWXYZABCDEFGHIJKFAHRRADSTUVWXYZABCD
EFGHIBUSJKLMNOPQRSTUVWXYZABCDEFGHIJKLMNOPQRSTUVWXYZABCD
EFGHIJKLMNOPQRSTUVWXYZROLLERABCDEFGHIJKLMNOPQRSTUVWXYZAB
AUTOABCDEFGHIJKLMNOPQRSTUVWXYZABCDEFGHIJKLMNOPQRSTUVWXY
ZABCDEFGHIJKLMNOPQRSTUVWXYZABCDEFGHIJKLMROLLERSTUVWXYZAB
CDEFGHIJKLMFAHRRADNOPQRSTUVWXYZFAHRRADABCDEFGHIJKLMNOPQ
RSTUVWXYZABCDEFGHIJKLMNOPQRSTUVWXYZABCDEFGHIJABCDEFKLMN
OPQRSTUVWXYZABCDEFGHIJKLMNOPQRSTUVWXYZABCDEFGHIJKLMNOPQ
RSTUVWXYZABCDEFGHIJKLMNOPQRSTUVWXYZABCDEFGHIJKLMNOPQRST
UVWXYZROLLERABCDEFGHIJKLMNOPQRSTUVWXYZBUSABCDEFGHIJKLMN
OPBUSQRSTUVWXYZABCDEFGHIJKLMNOPQRSTUVWXYZAUTOABCDEFGHIJ
KLMNOPQRSTUVWXYZFAHRRADHIJKLMNOPQRSTUVWXYZABCDEFGHIJKLM
NOPQRSTUVWXYZABCDEFGHIJKLMNOPQRSTUVWXYZABCDEFGHIJKLMNOP
QRFAHRRADSTUVWXYZABCDEFGHIJKLMNOPQRSTUVWXYZABCDEFGHIJKL
MNOPQRSTUVWXYZABCDEFGHIJKLMNFAHRRADOPQRSTUVWXYZABCDEFG
HIJKLMNOPQRSTUVWXYZABCDEFGHIJKLMNOPQRSTUVWXYZFAHRRADABC
DEFGHIJKLMNOPQRSTUVWXYZABCDEFGHIJKLMNOPQRSTUVWXYZABCDEF
GHIJKLMNOPQRSTUVWXYZBUSABCDEFGHIJKLMNOPBUSQRSTUVWXYZBUS
ABCDEFGHIJKLMNOPQRSTUVWXYROLLERFGHIJKLMNOPQRSTUVWXYZAB-
CDEFGHIJKLMNOPQRSTUVWXYZABCDEFGHIJKLMNOPQRSTUVWXYZABC
DEFGHIJKLMNOPQRSTUVWXYZABCDEFGHIJKLMNOPQRSTUVWXYZABCDEF
GHIJKLMNOPQRSTUVWXYZABCDEFGHIJKLNOPQRSTUVWXYZAUTOABCDEFGHI
JKLMNOPROLLERQRSTUVWXYZABCDEFGHIJKLMNOPQRSTUVWXYZAUTOAB
CDEFGHIJKLMNOPQRSTUVWXYZABCDEFAHRRADMNOPQRSTUVWXYZABCD
EFGHIJKLMNOPQRSTUVWXYZABCDEFGHIJKLMNOPQRSTUVWXYZABCDEFG
HIJKLMNOPQRSTUVWXYZROLLERABCDEFGHIJKLMNOPQRSTUVWXYZABCD
EFGHBUSIJKLMNOPQRSTUVWXYZABCDEFGHIJKLMNOPQRSTUVWXYZABCD
EFGHIJKLMNOPQRSTUVWXYZABCDEFGFAHRRADJKLMNOPQRSTUVWXYZ
ABCDEFGHIJKLMNOPQRSTUVWXYZBUSACDEFGHIJKLMNOPQRSTUVWXYZ
ABCDEFGHIJKLMNOFAHRRADWXYZABCDEFGHIJKLMNOPQRSTUVWXYZBUS
ABCDEFGHIJKLROLLERMNOPQRSTUVWXYZABCDEFGHIJKLMNOPAUTOQRST
UVWXYZABCDEFGHIJKLMFAHRRADNOPQRSTUVWXYZABCDEFGHIJKLMNOP
QRSTUVWXYZABCDEFGHIJKLMNOPQRSTUVWXYZBUSABCDEFGHIJKLMNOP

☐ ROLLER

52 Übung zur Aufmerksamkeit und Konzentration

*Wie oft findest du die Wörter „***SONNE, STRAND, MEER, SAND** *und* **STEINE***“?*
Markiere diese Wörter und trage die Anzahlen unten in die Kästchen ein.

ABCDEFGHIJKLMNOSONNEPQRSTUVWXYZASANDFGHIJKLMNOPQRSTUVWX
YZABCDEFGHIJKLMNOPQRSTUVWXYZSTRANDABCDEFGHIJKLMNOPQRSTUV
WXYZABCDEFGHIJKLMNOPQRSTUVWXYZABCDEFGHIJMEEROPQRSTUVWXY
ZMEERABCDEFGHIJKLMNOPQRSTUVWXYZABCDEFGHIJKLMNOPQRSTUVWX
YZABCDEFGHIJKLMNOPQRSTUVWXYZSANDABCDEFGHIJKLMNOPQRSTUVW
XYZABCDEFGHIJKLMNOPQRMEERWXYZABCDEFGHIJKLMNOPQRSTUVWXYZ
ABCDEFGHIJKLMNOPQRSTUSTEINEVWXYZABCDEFGHIJKLMNOPQRSTUVWX
YZABCDEFGHIJKLMNOPQRSTUVWXYZABCDEFGHIJKLMNOPQRSTUVWXYZA
BCDEFGHIJKLMNOPQRSTUVWXYZABCDEFGHIJKLMNOPQRSTUVWXSTEINEY
ZABCDEFGHIJKLMNOPQRSTUVWXYZABCDEFGHIJKLMNOPQRSTUVWXYZAB
CDEFGHIJKLMNOPQRSTUVWXYZABCDEFGHIJKLMNSANDOPQRSTUVWXYZA
BCDEFGHIJKLMSTEINETUVWXYZABCDEFGHIJKLMNOPQRSTUVWXYZABCDE
FGHIJKLMNOPQRSTUVWXYZABCDEFGHIJKLMNOPQRSTUVWXYZABCDEFGHI
JKLMNOPQRSTUVMEERWXYZABCDEFGHIJKLMNOPQRSTUVWXYZSTRANDAB
CDEFGHIJKLMNOPQRSTUVWXYZABCDEFGHIJKLMNOPQRSTUVWXYZABCDE
FGHIJKLMNOPQRSTUVWXYZABCDEFGHISONNEJKLMNOPQRSTUVWXYZABC
DEFGHSTEINEOPQRSTUVWXYZABCDEFGHIJKLMNOPQRSTUVWXYZABCDEF
GHIJKLMNOPQRSTUVWXYZABCDEFGHIJKLMNOPQRSTUVWXYZABCDEFGHIJ
KLMNOPQRSTUVWXYZABCDEFGHISONNEJKLMNOPQRSTUVWXYZSTRANDA
BCDEFGHIJKLMNOPQRSTUVWXYZABCDEFGHIJKLMNOPQRSTUVWXYZABCD
EFGHIJKLMNOPQRSTUVWXYZABCDEFGHIJKLMNOPQRSTUVWXYZABCDEF
GHIJKLMNOPQRSTUVWXYZABCDEFGHIJKLMNOPQRSTUVWXYZMEERABCDEF
GHIJKLMNOPQRSTUVWXYZABCDEFGHIJKLMNOPQRSTUVWXYZABCDEFGHIJ
KLMNOPQRSTUVSANDWXYZABCDEFGHIJKLMNOPQRSTUVWXYZABCDEFGHI
JKLMNOPQRSTUVWXYZABCDEFGHIJKLMNOPQRSTUVWXYZSTEINEABCDEF
GHIJKLMNOPQRSTUVWXYZABCDEFGHIJKLMNOPQRSTUVWXYZSTRANDABC-
DEFGHIJKLMNOPQRSTUVWXYZABCDEFGHIJKLMNOPQRSTUVWXYZABCDEF
GHIJKLMNOPQRSTUVWXYZMEERABCDEFGHIJKLMNOPQRSTUVWXMEERYZA
BCDEFGHISONNEOPQRSTUVWXYZABCDEFGHIJKLMNOPQRSTUVWXYZABCD
EFGHIJKLMNOPQRSTUVWXYZSANDABCDEFGHIJKLMNOPQRSTUVWXYZABC
DEFGSTEINENOPQRSTUVWXYZABCDEFGHIJKLMNOPQRSTUVWXYZABCDEF
GHIJKLMNOPQRSTUVWXYZABCSANDDEFGHIJKLMNOPQRSTUVWXYZABCDE
FGHIJKLMNOPQRSTUVWXYZABCDEFSTEINEGHIJKLMNOPQRSTUVWXYZABC
DSTRANDEFGHIJKLMNOPQRSTUVWABCDEFGHIJKLMNSTEINEOPQRSTUVWX

☐ SONNE

☐ STRAND

☐ MEER

☐ SAND

☐ STEINE

AUFMERKSAMKEIT LENKEN & KONZENTRATON HALTEN
Band 1: Zahlen, Buchstaben & Wörter finden – Bestell-Nr. 12 802
KOHL VERLAG

11

53 Übung zur Aufmerksamkeit und Konzentration

*Wie oft findest du die Wörter „***WASSER, OZEAN, FISCHE, TAUCHER** *und* **SCHIFFE***“? Markiere diese Wörter und trage die Anzahlen unten in die Kästchen ein.*

ABCDEFGHIJKLMNOPQRSTUVWXYTAUCHERGHIJKLMNOPQRSTUVWXYZABC
DEFGHIJKLMNOPQRSTUVWXYZABCDEFGHIJKLMNOPQRSTUOZEANABCDEF
GHIJKLMNWASSEROPQRSTUVWXYZABCDEFGHIJKLMNOPOZEANQRSTUVWX
YZABCDEFGHIJKLMNOPQRSTUVWXYZABCDEFGHIJKLMNOPQRSTUVWXYZA
ABCDEFGHIJKLMFISCHENOPQRSOZEANYZABCDEFGHIJKLMNOPQRSTUVWX
YZABCDEFGHIJKLMNOPQRSTUVWXYZABCDEFGHIJKTAUCHERLMNFISCHEO
PQRSTUVWXYZTAUCHERABCDEFGHIJKLMNOPQRSTUVWXYZSCHIFFEABCD
EFGHIJKLMNOPQRSTUVWXYZABCOZEANIJKLMNOPQRSTUVWXYZABCDEFG
SCHIFFEHIJKLMNOPQRSTUVWXYZABCDEFGHIJKLMNOPQRSTUVWXYZABCD
EFGHIJKLMNOPQRSTUVWXYZWASSERABCDEFGHIJKLMNOPQRSTUVWXYZA
BCDEFGHIJKLMNOPQRSTUVWXYZABCDEFGHIJFISCHEQRSTUVWXYZABCDE
OZEANEFGHIJKLMNOPQRSTUVWXYZABCDEFGHIJKLMNOPQRSTUVWXYZAB
CDEFGHIJKLMNOPQRSTUVWTAUCHERXYZABCDEFGHIJKLMNOPQRSTUVWX
YZABCDESCHIFFEFGHIJKLMNOPQRSTUVWXYZABCDEFGHIJKLMNOPQRSTU
VWXYZABCDEFGHIJKLMNOPQRSTUVWXYZABCDEFGHIJKLMNOPQRSTUVWX
YZABCDEFGTAUCHERHIJKLMNOPQRSTUVWXYZTAUCHERABCDEFGHIJKLMN
OPQRSTUVWXYZWASSERABCDEFGHIJKLMNOPQRSTUVWXYZABCDEFGHIJK
LMNOPQRSTUVWXYZABCDEFGHIJKLMNOPQRSTUVWXYZABCDEFGHIJKLMN
OPQRSTUVWXYZABCDEFGHIJKLMNOPQRSTUVWXYZOZEANABCDEFGHIJKL
MNOPQRSTUVWXYZOZEANABCDEFGHIJKLMNOPQRSTUVWXYZFISCHEABCD
EFGHIJKLMNOPQRSTUVWXYZABCDEFGHIJKLMNOPQRSTUVWXYZABCDEFG
HIJKLMNOPQRSTUVWXYZABCDEFGHIJKLMNOPQRSTUVWXYZABCDEFGHIJK
TAUCHERLMNOPQRSTUVWXYZWASSERABCDEFGHIJKLMNOPQRSTUVWXYZ
ABCDEFGHIJKLMNOPQRSTUVWXYZABCDEFGHIJKLMNOPQRSTUVWXYZABC
DEFGHIJKTAUCHERLMNOPQRSTUVWXYZABCDEFGHIJKLMNOPQRSTUVWXY
ZSCHIFFEABCDEFGHIJKLMNOPQRSTUVWXYZABCDEFGHIJKLMNOPQRSTUV
WXYZABCDEFGHIJKLMNOPQRSTUVWXYZFISCHEABCDEFGHIJKLMNOPQRST
UVWXYZABWASSERCDEFGHIJKLMNOPQRSTUVWXYZTAUCHERABCDEFGHIJ
ABCDEFOZEANGHIJKLMNOPQRSTUVWXYZFISCHEABCDEFGHIJKLMNOPQRS
ABCDEFGHIJKLMNOZEANPQRSTUVWXYZABCDEFOZEANGHIJKLMNOPQRSTU

WASSER

OZEAN

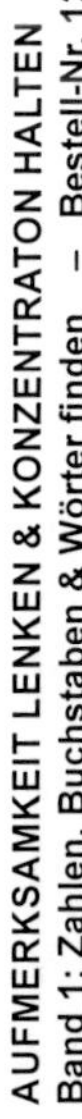

54 Übung zur Aufmerksamkeit und Konzentration

*Wie oft findest du die Wörter „***WOLKEN, LUFT, REGENBOGEN, VOGEL** *und* **FLUGZEUG***“? Markiere diese Wörter und trage die Anzahlen unten in die Kästchen ein.*

ABCDEFGHIFLUGZEUGJKLMNOPQRSTUVWXYZABCVOGELIJKLMNOPQRSTUV
WXYZABCDEFGHIJKLMNOPQRSTUVWXYZREGENBOGENABCDEFGHIJKLMNO
PQRSTUVWXYZVOGELABCDEFGHIJKLMNOPQRSTUVWXYZABCDEFGHIJKLM
NOPQRSTUVWXYZABCDEFGHIJKLMNOPQRSTUVWXYZWOLKENABCDEFGHIJ
KLMNOPQRSTUVWXYZLUFTABCDEFGHIJKLMNOPQRSTUVWXYZABCDEFGHIJ
KLMNOPQRSTUVWXYZABCDEFGHIJKLMNOPQRSTUVWXYZFLUGZEUGABCDE
FGHIJKLMNOPQRSTUVWXYZFLUGZEUGABCDEFGHIJKLMNOPQRSTUVWXYZ
ABCDEFGHIJKLMWOLKENTUVWXYZABCDEFGHIJKLMNOPQRSTUVWXYZABC
DEFGHIJKLMNOPQRVOGELSTUVWXYZABCDEFGHIJKLMNOPQRSTUVWXYZA
LUFTABCDEFGHIJKLMNOPQRSTUVWXYZVOGELABCDEFGHIJKLMNOPQRSTU
VWXYZABCDEFGHIJKLMNOPQRSTUVWXYZABCDEFGHIJKLMNOPQWOLKENX
YZABCDEFGHIJKLMNOPQRSLUFTTUVWXYZABCDEFGHIJKLMWOLKENNOPQR
STUVWXYZABCDEFGHIJKLMNOPQRSTUVWXYVOGELEFGHIJKLMNOPQRSTU
VWXYZABREGENBOGENCDEFGHIJKLMNOPQRSTUVWXYZREGENBOGENABC
DEFGHIJKLMNOPQRSTUVWXYZABCDEFLUGZEUGNOPQRSTUVWXYZABCDEF
GHIJKLMNOPQRSTUVWXYZABCDEFGHIJKLMNOPQRSTUVFLUGZEUGEFGHIJ
KLMNOPQRSTUVWXYZFLUGZEUGABCDEFGHIJKLMNOPQRSTUVWXYZABCDE
FGHIJKLMNOPLUFTQRSTUVWXYZABCDEFGHIJKLMNOPQRSTUVWXYZABCDE
FGHIJKLMNOPQRSTUVWXYZABCDEFGHIJKLMNOPQRSTUVWXYZWOLKENAB
CDEFGHIJKLMNOPQRSTUVWXYZFLUGZEUGIJKLMNOPQRSTUVWXYZABCDE
FGHIJKLMNOPQRSTUVWXYZVOGELABCDEFGHIJKLMNOPQRSTUVWXYZABC
DEFGHIJKLMNOPQRSTUVWXYZABCDEFGHIJKLMFLUGZEUGNOPQRSTUVWX
YZABCDEFGHIJKLFLUGZEUGMNOPQRSTUVWXYZABCDEFGHIJKLMNOPQRST
UVWXYZABCDEFGREGENBOGENHIJKLMNOPQRSTUVWXYZABCDEFGHIJKLM
NOPQRSTUVWXYZABCDEFGHIJKLMNOPQRSTUVWXYZLUFTABCDEFGHIJKLM
NOPQRSWOLKENTUVWXYZABCDEFGHIJKLMNOPQRSTUVWXYZABCDEFGHIJ
KLMNOPQRSTUVWXYZABCDEFGHIJKLMNOPQRSTUVWXYZWOLKENABCDEF
GHIJKLMNOPQRSTUVWXYZABCDEFGHIJKLMNOPQRSTUVWXYREGENBOGEN
ABCDEFGHIJKLMNOPQRSTUVWXYZABCDEFGWOLKENNOPQRSTUVWXYZAB
CDEFGHIJKLMNOPQRSFLUGZEUGTUVWXYZABCDEFGHIJKREGENBOGENLM
NOPQRSTUVWXYZABCDEFGHIJKLWOLKENMNOPQRSTUVWXYZABCDEFGHIJ
KLMNOPQRSFLUGZEUGTUVWXYZABCDEFGHIJKLMNOPQRSTUVWVOGELXYZ

☐ WOLKEN

☐ FLUGZEUG

☐ VOGEL

☐ LUFT

☐ REGENBOGEN

12

Lösungen

1

9	0	1	8

2

7	2	3	6

3

4	5

4

4

9 x	3
10 x	8

5

12 x	5
8 x	6

6

11 x	1
7 x	7

7

8 x	24
9 x	42

8

7 x	69
10 x	96

9

6 x	35
12 x	53

10

5 x	123
7 x	132

11

9 x	405
8 x	450

12

5 x	678
7 x	687

12

Lösungen

13

8 x B

10 x P

14

12 x E

9 x F

15

7 x M

10 x N

16

8 x P

13 x R

17

10 x V

14 x W

18

11 x O

9 x Q

19

7 x b

10 x d

20

13 x m

15 x n

21

12 x p

11 x q

22

16 x v

14 x w

23

9 x m

12 x w

24

13 x n

10 x u

KOHL VERLAG
AUFMERKSAMKEIT LENKEN & KONZENTRATON HALTEN
Band 1: Zahlen, Buchstaben & Wörter finden – Bestell-Nr. 12 802

12

Lösungen

25

9 x HEXE

26

17 x KLAVIER

27

18 x LEXIKON

28

14 x KARNEVAL

29

19 x WIESE

30

13 x KINO

31

12 x SPIEGEL

32

15 x TIGER

33

16 x DACHS

34

20 x LÖWE

35

11 x HAND

9 x HÄNDE

36

12 x FUß

10 x FÜßE

37

14 x BAUM

8 x BÄUME

38

13 x FLUSS

7 x FLÜSSE

39

15 x BUS

9 x BUSSE

AUFMERKSAMKEIT LENKEN & KONZENTRATON HALTEN
Band 1: Zahlen, Buchstaben & Wörter finden – Bestell-Nr. 12 802
KOHL VERLAG

Lösungen

40

15 x	STRAUß
8 x	STRÄUßE

41

12 x	BUSCH
10 x	BÜSCHE

42

14 x	PASS
16 x	PÄSSE

43

8 x	VORHANG
7 x	VORHÄNGE

44

11 x	WALD
9 x	WÄLDER

45

10 x	TOPF
6 x	TÖPFE

46

11 x	SCHNEE
13 x	SEE
9 x	TEE

47

8 x	BOOT
5 x	ZOO
7 x	MOOS

48

9 x	MÄRCHEN
7 x	KÄFIG
12 x	KÄSE

49

6 x	FRÜHLING
8 x	SOMMER
10 x	HERBST
5 x	WINTER

50

7 x	BIENE
5 x	KÄFER
9 x	GRAS
13 x	BLUME

51

8 x	ROLLER
11 x	FAHRRAD
5 x	AUTO
10 x	BUS

AUFMERKSAMKEIT LENKEN & KONZENTRATON HALTEN
Band 1: Zahlen, Buchstaben & Wörter fincen – Bestell-Nr. 12 802
KOHL VERLAG Lernen mit Erfolg

Lösungen

52

4 x	SONNE
5 x	STRAND
7 x	MEER
6 x	SAND
8 x	STEINE

53

5 x	WASSER
10 x	OZEAN
6 x	FISCHE
9 x	TAUCHER
4 x	SCHIFFE

54

9 x	WOLKEN
5 x	LUFT
6 x	REGENBOGEN
7 x	VOGEL
11 x	FLUGZEUG

Klasse 1 2 3 4

Stille & Entspannung

Gabriela Rosenwald

Entspannungskartei für die Grundschule

*Anleitungen, Vorlagen und Fantasiereisen, um neben dem oft stressigen Schulalltag ein bisschen Entspannung ins Klassenzimmer zu bringen. Die Kartei enthält Ideen für die ganze Klasse und für einzelne Gruppen. Entspannung ist etwas, das man intensiv üben und lernen muss! **Hier sind viele neue Tipps & Ideen für Ihren Stille-Unterricht!***

48 Seiten | 11 494 | ab 12,49 € — FÖ — 1 2 3 4

Gabriela Rosenwald

Über Stille zur Konzentration

Anhand von Konzentrationsübungen und Fragebögen werden aussagekräftige Testergebnisse erstellt. Unterschiede zwischen Lärm und Stille für die Konzentrationsfähigkeit werden deutlich gemacht. Zahlreiche Stille-Übungen helfen dabei, die Konzentrationsfähigkeit zu steigern.

52 Seiten | 10 883 | ab 10,49 € — FÖ — 1 2 3 4

Gabriela Rosenwald

STILLE – in fünf Minuten!

Schnellprogramm für schwierige Klassen

Neue Ideen sorgen für Stille, Ruhe und Aufmerksamkeit in fünf Minuten! Hierbei helfen bewährte Tipps und Tricks, mit denen Sie spezielle, auf Ihre Klasse zugeschnittene Strategien entwickeln können.

40 Seiten | 10 719 | ab 12,49 € — FÖ — 1 2 3 4

Autorenteam Kohl-Verlag

100 Mandalas für alle Gelegenheiten

Einfache Motive; Jahreszeiten; Märchen; Vögel; Bäume; Weihnachten
Jedes Arbeitsblatt ist mit einer kleinen Zusatzaufgabe versehen. Das Material eignet sich hervorragend für die Freiarbeit oder als Belohnung für schnelle Schüler.

104 Seiten | 11 225 | ab 15,99 € — 1 2 3 4

Gabriela Rosenwald

Der kleine Stille-Ratgeber

Entweder ist die Klasse an einem Montagmorgen besonders aufgedreht – oder die Schüler sind kaum wachzukriegen. Hier bietet es sich an, durch regelmäßige Stille-Übungen dagegenzusteuern. Die Schüler werden sich auf die abwechslungsreichen Spiele und Übungen schnell freuen!

36 Seiten | 10 866 | ab 8,49 € — FÖ — 1 2 3 4

Stefanie Kraus & Gabriela Rosenwald

STILLE – So einfach geht das!

30 praktische Übungen mit dem Klang- & Regenstab

Klang- & Regenstab sind wirksame Hilfsmittel für Ihren Stille-Unterricht. Hier sind neun Stille-Spiele und vier Fantasiereisen für den Klangstab und ebenso vier Fantasiereisen sowie neun Stille-Übungen für den Regenstab.

40 Seiten | 10 882 | ab 11,99 € — FÖ — 1 2 3 4

Hans Harjung

Vielseitige Bewegungspausen

***Komplette Trainingsprogramme (Fitness)**, ohne zusätzliches Material im Raum durchzuführen. Ein **komplettes Zirkeltraining mit Stühlen und Tischen**. Mit vielen Anregungen für kurze Spiele im Kreis, die den Unterricht auflockern.*

44 Seiten | 10 733 | ab 12,49 € — 1 2 3 4

Praktisches für den Schulalltag

Ulrike Stolz & Lynn-Sven Kohl

33 fix & fertige Vertretungsstunden

Suchen Sie pädagogisch sinnvolle Vertretungsstunden mit hohem Lerneffekt? Die Arbeitsblätter sind abwechslungsreich, universell einsetzbar und sie machen den Schülern Spaß! Es ist Arbeitsmaterial zu folgenden Fächern vorhanden: Deutsch, Mathe, Englisch, Heimat- & Sachunterricht sowie allgemeine Themen.

***Fachbereiche**: Deutsch; Musik; Sachkunde/Allgemeine Themen; Mathematik; Englisch; Kunst und Gestalten.*

64 S. | 10 644 | ab 14,49 €  — 1 2 3 4

Autorenteam Kohl-Verlag

Wieso, Weshalb, Warum?

Stimmt es, dass weiße Hühner nur weiße Eier legen? Sind Erdbeeren keine Beeren? Ist das @-Zeichen wirklich schon 500 Jahre alt? Wurde der Hamburger in Hamburg erfunden und warum schließen wir die Augen beim Niesen? Kinder haben unendlich viele Fragen und wir nicht immer die passende Antwort. Hier finden Sie viele typische Alltagsrätsel aus den Kategorien „Tiere, Pflanzen, Technik, Geographie, Geschichte u.v.a." und die passenden Antworten dazu. Das optimale Material für Freiarbeit und Vertretungsstunden.

96 Seiten | 12 391 | ab 17,49 € — 2 3 4

Stefan Lamm

Tohuwabohu im Alltag — Den Ordnungssinn trainieren

Die Themenbereiche beziehen sich auf alltägliche Situationen. Es stehen zu jeder Alltagssituation zum einen Übungen zur Rechtschreibung zur Verfügung, zum anderen spezielle Aufgaben, die das Leseverständnis und die Auge-Hand-Koordination trainieren. So kann in einer heterogenen Gruppe ein gemeinsames Thema mit drei unterschiedlichen Schwerpunkten ganz individuell bearbeitet werden.

48 Seiten | 12 566 | ab 12,49 € — INK 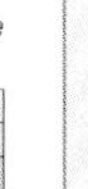 — 1 2 3 4

Gabriela Scherenschlicht

Fantasiereisen mit Zauberdi & Zauberdu

Dieses Buch präsentiert eine Technik, die das Kind in die Rolle eines Erzählkünstlers, Zuhörerpersonen und Gestalters schlüpfen lässt. Es lernt, die eigene Fantasie zu nutzen, sich in Rollen hineinzuversetzen und diese weiterzuerzählen. Damit werden spielerisch versteckte Lernprozesse zum selbstständigen Handeln, Planen, Anwenden und eine daraus abzuleitende Persönlichkeitsbildung.

48 Seiten | 12 224 | ab 13,49 € — 1 2 3 4

Gabriela Rosenwald

Lückenfüller Deutsch

TIPP

Aufgaben für flotte Schüler

Diese Kopiervorlagen füllen entstehende Lücken im Unterricht und unterstützen besonders flott arbeitende Kinder. Jede Einheit nimmt zwischen 5 bis 15 Minuten Zeit in Anspruch und lässt sich leicht in eine Unterrichtsstunde integrieren. Die Lückenfüller sorgen für mehr Zeit zur individuellen Förderung. Die Materialien sind in verschiedenen Schwierigkeitsstufen zur Differenzierung angelegt. So haben Sie für jeden Schüler das richtige Aufgabenblatt jederzeit zur Hand!

BF

Seiten	Klasse	Nr.	Preis
48 Seiten	Klasse 1	11 573	ab 12,49 €
48 Seiten	Klasse 2	12 302	ab 12,49 €
60 Seiten	Klasse 3	12 303	ab 14,49 €
72 Seiten	Klasse 4	12 304	ab 14,99 €

1 2 3 4

Petra Hartmann

LERNEFIX *in fünf Bänden*

NEU

Coole Arbeitsblätter für zwischendurch!

Der kleine Zauberer Lernefix lernt viele Dinge kennen: Die Zahlen, die Buchstaben und Wörter sowie sorgfältiges Malen. Konzentration und Ausdauer sind hier ganz wichtige Elemente. Lernefix tut sich mit dem Lernen noch etwas schwer. Seine Eltern, die Zauberin Schreibefix und der Zauberer Rechnefix, haben dafür eine Reihe an interessanten und spannenden Bücher erarbeitet, um dem kleinen Zauberer Lernefix das Üben und Lernen zu erleichtern. Und das möglichst mit Spaß. In zwei der fünf Bände werden Zahlen und Buchstaben grundlegend ausgeführt, erläutert und Zusammenhänge dargestellt. Daran schließt sich der Band mit dem Erlernen wichtiger Wörter quasi nahtlos an. Der Band zum Ausmalen legt den Schwerpunkt auf präzises Arbeiten, welches letztlich auch dem Schreibstil zu Gute kommt. Und letztlich der Band zum Lernen baut auf die Gesamtheit auf, um Hausaufgaben entspannt und zielorientiert anzugehen.

FÖ INK

Seiten	Band	Titel	Nr.	Preis
48 S.	1	Cooler Ausmalspaß für zwischendurch!	12 673	ab 12,49 €
56 S.	2	Das Lernen kannst du lernen	12 674	ab 13,49 €
88 S.	3	Kurze wichtige Wörter untersuchen & schreiben	12 675	ab 16,49 €
64 S.	4		12 676	ab 14,49 €
60 S.	5	Buchstaben kennenlernen, verstehen & festigen	12 677	ab 14,49 €

1 2 3 4